ELINA PENNER
MIGRANTENMUTTI

aufbau

ELINA PENNER

MIGRANTEN MUTTI

aufbau

MIX
Papier | Fördert
gute Waldnutzung
FSC® C083411

ISBN 978-3-351-04208-0

Aufbau ist eine Marke
der Aufbau Verlage GmbH & Co. KG

1. Auflage 2023

www.aufbau-verlage.de
10969 Berlin, Prinzenstraße 85

Sensitivity Reading: Regina Feldmann

Satz Greiner & Reichel, Köln
Druck und Binden CPI books GmbH, Leck, Germany

Printed in Germany

INHALT

VORWORT

»Wir waren Premiumflüchtlinge, Oberschicht.«

Emilia Smechowski,
Wir Strebermigranten[1]

Ihr habt das Buch gekauft, weil ihr Kinder habt und glaubt, ich sage euch, wie ihr die erziehen sollt? Argh, Missverständnis. Es geht in diesem Buch *auch* um Elternschaft. Aber aus einer migrantischen Perspektive. Konkret und in meinem Fall aus der Sicht einer Person, die gar nicht wusste, wie migrantisch sie ist, bis sie Kinder hatte.

Ich wusste nicht, wie streng oder wie pragmatisch ich bin. Ich wusste nicht, wie heftig sich meine Art, Mutter zu sein, von der meiner nicht-migrantischen Freundinnen unterschied. Ich habe es probiert, aber ich lese weder Elternblogs noch Familienmagazine und ich folge aktiv keinen Insta Moms, um an ihrem Alltag teilzuhaben. Nicht nur, weil sie mich langweilen, ich habe viele der Probleme der schreibenden Eltern nicht verstanden.

Es ist beschämend, wie lange ich gebraucht habe, um zu realisieren, dass ich als Migrantin natürlich auch migrantisch erziehe. Ich muss noch weiter ausholen. Dass ich Migrantin *bin*. Und von Leuten wie mir gibt es einige in Deutschland. Es muss also noch mehr Eltern da draußen genauso geben. Eltern, die nicht nur den Standard-Eltern-Kram machen müssen, sondern den ganzen Extra-Migra-Kram auch (konservative Enkelwünsche von den eigenen Eltern mit schlechten Deutschkenntnissen, Polizeigewalt, Racial Profiling, Diskriminierung bei der Arbeits- und Wohnungssuche, Lebensabschnittsgefährten, die glauben, Salz wäre ein Gewürz, Mord, wohin mit den ganzen Töpfen, die wir ungefragt geschenkt bekommen?).

Vielleicht hast du das Buch aber auch gekauft, weil du einfach nur das Cover geil fandest. Es könnte bald als Starschnitt über deinem Bett oder in der Küche hängen, zumindest habe ich diesen sehr guten Vorschlag an die Marketingabteilung des Verlags herangetragen, bisher keine Antwort. Für alle Fußfetischisten: Ich bin barfuß auf dem Bild. Und falls sich irgendwer Sorgen macht, wer die ganzen Pommes vom Coverfoto essen musste: meine Kinder schon mal nicht, sie hassen Pommes. Sie lieben (unfrittierte) Kartoffeln, was an ihrer Herkunft väterlicherseits liegen könnte. Oder Reis. Das liegt dann an mir. Ich bin weitestgehend ohne Nudeln aufgewachsen, es sei denn, Glasnudeln zählen auch. Reis muss aber fluffig sein, Kochbeutel-Langkorn kommt uns leider nicht auf den Tisch, damit kann man auch keinen Plov kochen.

Sehr schön, wir sind mitten im Thema. Migra-Elternschaft. Es wird kompliziert werden. Ihr werdet in diesem Buch neue Wörter lernen, manche davon habe ich mir ausgedacht, andere in einer Insta-Infokachel gelesen, oder vielleicht sogar während meines Studiums an einer der 50 besten Unis weltweit! Ich werde versuchen zu gendern, ich werde mitunter kläglich scheitern. Ich werde viele, sehr, sehr viele Anglizismen verwenden, ich nenne das dann aber einfach Englisch.*

Ich werde es hier nicht schaffen, jede Identität abzubilden. Das Buch ist aus *meinem Blickwinkel* geschrieben, auch wenn ich versuchen werde, andere so gut es geht miteinzubeziehen. Eine Schwarze Frau, die hier geboren ist, hat andere Erfahrungen gemacht als ich. Genauso hat ein türkischer Mann, der in der dritten Generation in Deutschland lebt, ein anderes

* Wer sich mit mir über die Verrohung der deutschen Sprache unterhalten möchte, kann das gerne auf Plautdietsch bzw. Mennonite Low German tun, denn to be honest, euer Hochdeutsch ist nicht so original. Meine Muttersprache schon. Molodez, weiter. (Das ist übrigens Russisch, das spreche ich sehr schlecht, aber gut genug, um bei den oberen zwei Prozent von Duolingo zu sein.)

Leben als ich. Wir haben aber ähnliche Erfahrungen gemacht und machen sie weiterhin.

Ich glaube, wenn man migrantisch aufwächst, hat man selten das Gefühl, auch nur ansatzweise zur Mehrheitsgesellschaft dazuzugehören. Auch Ostdeutsche kennen das. Menschen mit Behinderung. Erststudierende, auch Arbeiterkinder. Sie alle haben einen gemeinsamen Feind, es ist …: DER WESTDEUTSCHE. Neeeeeeeein, natürlich nicht. Wir wollen ja aufstehen, aufeinander zugehen, voneinander lernen, ihr wisst schon. Doch schaut man sich deutsche Vorabendserien, den Vorstand einer beliebigen Firma, die erfolgreichsten Insta Moms dieses Landes oder jede x-beliebige Redaktion an, würde man meinen, in Deutschland findet man fast ausschließlich diese ominösen Westdeutschen. Doch dieses Wort bringt uns nicht weiter.

Deshalb bleiben wir bei »Mehrheitsgesellschaft«. Den Begriff habe ich von Naika Foroutan und Jana Hensel gelernt, er funktioniert für mich am besten. Ihr Buch *Die Gesellschaft der Anderen* ist augenöffnend.

Es wird in diesem Buch sehr oft um Klasse gehen. Darum, dass statistisch gesehen viele Familien mit Migrationshintergrund weniger Geld haben und wie das Elternschaft verändert. Ich kenne keine Russlanddeutschen, die hier mit einem Koffer voll Geld angekommen sind. Vererbt werden hauptsächlich Traumata und Schubarezepte. Die meisten Migras leben zudem in Ballungsräumen. Klasse ist also Thema. Es kann sein, dass ihr euch, wenn ihr in Armut oder an der Armutsgrenze aufgewachsen seid, in vielem wiederfinden werdet.

Ach so! Wer spricht hier eigentlich zu euch? Ich heiße Elina Penner, das ist kein Künstlername. Es ist einer der ältesten mennonitischen Namen, auch der verbreitetste. In Kanada oder Belize gibt es noch viel mehr Penners. Ich bin Mennonitin, nach dem Erscheinen meines Debütromans *Nachtbeeren* 2022 ist der Begriff für diese religiöse und ethnische Minderheit zumindest etwas geläufiger. Ich bin nicht religiös, ich bin nicht fromm, ich bin nicht bekehrt. Wen das Thema interessiert: Ich habe ungefähr 200 Interviews gegeben, ansonsten sind die Podcasts *Steppenkinder* oder *X3* immer eine gute erste Anlaufstelle.

Dass ich zu den mennonitischen zehn Prozent der Russlanddeutschen gehöre, soll in diesem Buch nur am Rande eine Rolle spielen. Für die Einordnung ist aber wichtig zu erwähnen, dass ich in der Sowjetunion geboren wurde und 1991 als Viereinhalbjährige in die BRD … uhm … mitgenommen wurde. Ich gehöre zur Generation der Aussiedler. Ich bin Deutsche mit einem deutschen Pass, meine Einbürgerung wurde 1997 innerhalb von 5 Minuten durchgezogen. Im selben Raum, in dem mein Vater seinen Angelschein geholt hat. Dazwischen hatten wir »Papiere« und haben den halben Balkan kennengelernt, im Urlaub. Reisen ging also.

Ich teile das gleiche Schicksal wie alle Russlanddeutschen: Begrifflichkeiten und Historie machen keinen Unterschied, für die Welt da draußen bin ich Russin, vielleicht manchmal auch Deutschrussin. Immer mal wieder wird auch irgendwas mit Wurzeln ergänzt. Es ist schon alles sehr cringe, vor allen Dingen, da wir ja tatsächlich Begriffe für Menschen wie mich haben.

Ich bin als Mennonitin christlich sozialisiert, nicht nur das, ein paar Jahre Sonntagsschule und kluge Eltern haben aus mir jemanden gemacht, den ihr bei *Wer wird Millionär?* als Telefonjoker für Bibel- oder Beyoncé-Fragen einsetzen könnt, beides göttlich.

Ich bin eine *weiße* Frau, die Critical Whiteness und White Privilege als Begriffe und Seminarinhalte kennenlernen durfte, bevor sie ein Hashtag waren bzw. der Grund für viele White Tears in Entschuldigungsvideos in den sozialen Netzwerken. Ich werde auf diese Privilegien eingehen, aber halt witzig. Ja, ich finde, das geht. Schließlich ist das hier keine wissenschaftliche Arbeit. Ich bin keine Journalistin. Ich schreibe hier über mein Leben, meine Wahrnehmung, aber auch die Erlebnisse von anderen.

Ich freue mich sehr, wenn ihr mich nicht witzig findet, und mir das auch schreibt (warum erkläre ich in der Danksagung). Noch besser ist es, wenn ihr das öffentlich macht. Erzählt der ganzen Welt davon! Einfach Buch kaufen, mich taggen, den Verlag taggen und erzählen, wie krass scheiße ihr mein Buch findet. Das wäre richtig lieb, danke. Ihr könnt das auch als YouTub-Video machen, ist das nicht so ein Manifest-Ding bei jungen Männern? #migrantenmutti nicht vergessen.

Abschließend: Es ist möglich, über Elternschaft zu schreiben, ohne die eigenen Kinder als Content zu benutzen. Ich nehme die Privatsphäre meiner Familie sehr ernst und wenn ich Geschichten teile, sind sie häufig auch anonymisiert. Wenn es Geschichten von meinen Kusengs sind, die ihr, liebe Kusengs, erzählt habt, als ihr besoffen wart, sorry, aber das ist fair game.

Wenn ihr Leute seid, die dieses Vorwort gerade in einer Buchhandlung lesen, um zu entscheiden, ob ihr das Buch kaufen sollt, kriegt ihr sogar umsonst die Kernaussage mit auf den Weg. Und zwar die: Ich finde, ein bestimmter Teil nichtmigrantischer Eltern macht es sich unnötig schwer. Ich habe ein paar Theorien, warum das so ist. Ich finde auch, dass wir Migras es anders schwerer haben und hatten – und es deshalb als Eltern »leichter« haben wollen. Das Gute an einer traumatischen Kindheit ist allerdings, dass man extrem guten Humor entwickelt, wenn auch etwas dunkel.

Es gibt nebenbei bemerkt keinen Pokal dafür, wenn man ein Buch an einem Abend durchliest, die meisten von euch wurden eh schon viel zu viel gelobt in ihrer Kindheit, ihr könnt euch gerne Zeit nehmen. Manchmal lohnt es sich, ein Kapitel zu lesen und zu warten, drüber nachzudenken. Ihr müsst mir überhaupt nicht recht geben, ich weiß ja, was ich erlebt und daraus gelernt habe, ihr könntet aber annehmen, dass es die Erfahrungen von vielen migrantischen Eltern in diesem Land widerspiegelt.

Es geht auch um meine Ängste, es wird persönlich werden, aber vor allen Dingen geht es darum, dass ich froh bin, was in den letzten Jahren alles aufgebrochen ist: diese ewige Scham, was Akzente, Essensgerüche und Vornamen angeht. Es wird besser! Und guck mal, wir Russlanddeutschen haben nur 30 Jahre gebraucht. Jetzt haben wir alle Deutsche geheiratet und kriegen deutsche Kinder in Deutschland, wie schön. Aber bleiben Migrantenmuttis.

»Ich kam als Mutter nach Deutschland und unterlag auf einmal einem »Code of Conduct«, bestimmten Verhaltensregeln, die ich noch nicht entschlüsseln konnte. Ich bin in Südafrika relativ entspannt in meine Rolle als Mutter hineingewachsen. Eine Gesellschaft, die Kinder als das Normalste der Welt betrachtet, in der Muttersein keine Sonderrolle einnimmt und es völlig okay ist, für die Weihnachtsfeier des Kindes kurz das Büro zu verlassen.«

Aileen Puhlmann,
Lieber Social Impact Sektor:
Ich bin Müde![2]

»Ich kam nach Hause und guckte fernsehen. Egal, wie alt ich war. *Andreas Türck, Arabella Kiesbauer,* die Anime-Sendungen auf RTL II, und *Sabrina – Total Verhext!*. Abends lief *Buffy*. Die Talkshows halfen mir zu verstehen, dass auch Deutsche „asozial" sein konnten.«

Elina Penner,
Nachtbeeren

FERNSEHEN

Wir haben ja keinen Fernseher. Ich korrigiere, wir besitzen kein Fernsehgerät, mit dem wir lineares Fernsehen konsumieren könnten. Das war mal eine bewusste Entscheidung. Genauso, wie ich zu Beginn meiner Mutterschaft recht vehement die Salzkristalle vom Laugengebäck mit einer Handbewegung abrasierte, war es mir mal wichtig zu betonen, dass wir keinen Fernseher haben.

Bis zu einem gewissen Grad ist es mir das noch heute. Nach »Wir haben ja keinen Fernseher« müsste allerdings der Satz folgen: »Wir haben einen Beamer.« Und mehrere Laptops. Und wir gucken das, was alle gucken. Bzw. wir streamen, bzw. bingen eher noch. Ich habe außerhalb meines Elternhauses noch nie einen eigenen Fernseher besessen, was nicht mal ansatzweise bedeutet, dass ich nicht ferngeschaut hätte. Bevor diverse Streaming-Plattformen unser aller Leben vereinfachten, musste meine Generation noch illegal streamen und downloaden, inklusive jedem erdenklichen Trojaner und Virus. Früher haben wir das Risiko in Kauf genommen, nur um die aktuelle Folge Gossip Girl zu sehen.

Serien zu *bingen* ist also nichts, was uns diese Plattformen gebracht haben, wir *bingen,* seitdem das Internet uns lässt. Und für Fernsehkinder wie mich gilt das seit ihrer Kindheit. Die Lieder von Rolf Zuckowski werden mich niemals da berühren können, wo »Mila ist 12 Jahre alt und lebt im fernen Japan« ein Gefühl auslöst, das ich nur als völlige Ekstase beschreiben kann. Ihr könnt mich nachts um zwei Uhr wecken, ich werde nichts von Pythagoras wissen, aber bis zum letzten »Irgendwann ist sie ein Superstar« mitsingen können, Wort für Wort. Wie soll man das erklären, was passiert, wenn

»Hurra« erklingt und ich sofort weiß, dass jeden Tag ein anderes Spiel zu Ende ist, und bevor man nach Haus' geht, reicht man sich einander die Hände und hat was gelernt? Ob am Boden oder oben. Dieses Pink, Orange und Grün kann mich bis heute mehr verzaubern als ihr Geheimnis. Sie waren für mich da, wenn ich sie gebraucht habe. Pluto und Goofey, alle waren bei mir. Der erste Anglizismus meines Lebens sagte mir, dass Sailor Moon wie ein Mann fighten kann. Ich habe den Mondstein festgehalten und wollte ihm folgen, meinem Traum von Gerechtigkeit. Ich kannte sie, die Melodie, die Katzen haben mich gerufen zum Mitternachtstanz. Wie selbstverständlich waren später auf meinen ersten selbstgebrannten CDs neben nicht-amerikanischem Hip Hop auch die Intros zu meinen Lieblingsserien aus der Kindheit, völlig unironisch.

Ich verbinde diese Songs, die Serien, die Farben mit meiner Kindheit. Genau wie das Ping der Mikrowelle oder die Tür, die aufgeht, wenn meine Mutter nach Hause kam, voll beladen mit Einkaufstaschen. Kinder gucken aus dem gleichen Grund Fernsehen wie Erwachsene auch: um sich berieseln zu lassen und um sich auszuruhen.

Bevor ich wusste, dass Deutsche Bürgi-Familien über ein Problem mit kindlichem Fernsehkonsum verfügen, wusste ich, dass gläubige Mennoniten keinen Fernseher haben. Entfernte Verwandte oder gute Freunde meiner Eltern hatten wirklich kein TV-Gerät, und ich akzeptierte das als etwas, was fromme Christen halt so handhaben. Ich wusste nicht, dass man sich gegen das Fernsehen aus »Bildungsgründen« (der Sorge um die Entwicklung des eigenen Nachwuchses) entscheiden kann. Es war mir einfach nicht klar, dass es wohl allgemeiner Konsens ist, dass Fernsehen angeblich »dumm«* macht, nun, zumindest nicht klüger.

* Ableismus geht uns alle an, wie Luisa L'Audace sagt. »Dumm« ist ein ableistischer Begriff, der an dieser und anderer Stelle als Zitat verwendet wird. In diesem Beispiel soll es verdeutlichen, dass ein vermeintlicher Mangel an Intelligenz die schlimmste Sorge manch privilegierter Eltern ist.

Bis ich Mutter wurde. Schnell war klar, wenn mein holder Nachwuchs keinen Zucker und kein Salz haben durfte, durfte er definitiv auch nicht fernsehen. Das flackernde Licht? Die sich viel zu schnell bewegenden Bilder? Zu laut, zu grell, zu viel von allem. Die Recherche, die ich als junge Mutter betrieb, führte in ein bodenloses Loch der Ratschläge. Eine Grauzone gab es nicht wirklich, Fernsehen war des Teufels. Hier waren sich die Bürgi-Großstadtfamilien um mich herum mal mit den strenggläubigen Mennoniten einig.

Sollte man dem eigenen Kleinkind irgendwann einmal sogenannte Screentime erlauben, dann am besten mit einer Stoppuhr und nur mit Sendungen aus der Liste der zugelassenen, also pädagogisch wertvollen Serien. Diese Liste existiert wirklich, man erhält sie beim Kauf des ersten Wollwalkanzugs oder Lastenrades. Kauft man beides, gibt es auch Konzerttickets für *Deine Freunde* dazu. Aber eigentlich sollte das Kind die ersten Jahre (Plural!) seines Lebens nicht in den Genuss des Bewegtbildes kommen.

An dieser Stelle lachen alle Eltern, die mindestens ein Kind haben, das, sagen wir mal, schon laufen kann, laut auf. Denn spatestens mit 18 Monaten kann dieses Kind Bücher aus Regalen reißen, auf Fensterbänke klettern, oder wie im Falle meines sehr großen ersten Kindes, Wohnungstüren öffnen. Duschen? Kochen? Mal schnell aufs Klo? Boah, es gibt da so drei bis sechs Monate im Leben eines Kleinkindes und seiner Eltern, da geht das de facto gar nicht, nicht ohne Konsequenzen. Drei bis sechs Monate? Der Protest ist mir sicher. Manche behaupten ein bis zwei Jahre. Doch das können wir dann im Kapitel zu »Erziehung« diskutieren.

Lasst uns festhalten, dass ich hier gerade nur die absoluten Basics menschlicher Existenz aufgezählt habe, die natürlich auch Müttern erlaubt sein sollten. Väter sind hier ausgenommen, die gehen duschen, kacken und trainieren, als wären sie Menschen, und nicht ebenfalls Eltern.

Wohnräume kann man durchsichern, aber lasst es euch sagen, der ein oder andere Wonneproppen kriegt sogar Backofensicherungen auf. Sprich, für manche Eltern sind fünf Minuten *Peppa Wutz* oder zehn Minuten *Oonas und Babas Insel* die einzige Möglichkeit, etwas in Ruhe zu erledigen.

Oder sich selbst eine Pause zum Klarkommen zu gönnen. Beides legitim. Ich kann nach zwei Kindern sagen, dass der Zeitpunkt, an dem sie sich dann mal endlich fürs Fernsehen interessiert haben, für uns der Gamechanger war. Soweit ich das mitkriege, interessieren sich nämlich die wenigsten wirklich kleinen Kinder für Bewegtbilder, zumindest nicht länger als ein paar Minuten.

Es gibt aber nicht nur die Eltern, die es ablehnen, dass ihr Nachwuchs fernsieht, sondern auch solche, die ihre Glaubenssätze wiederum in Content verwandeln. Dieser Content findet heutzutage in den sozialen Netzwerken statt. Da ich alt bin und keine Ahnung von TikTok habe, konzentriere ich mich auf Instagram.

Instagram ist nicht die reale Welt und anstelle von einem Spiegel, der uns dort vorgehalten würde, glaube ich, dass viele Accounts so was wie den Turmbau zu Babel vorspielen: Sie gerieren sich als die Art von Eltern, die sie und wir gerne wären, warum auch immer; ihre Kinder sind die Art von Kindern, die wir gerne hätten, deren Verbreitung aber stark eingeschränkt scheint. Wenn auf Insta also (meist) Frauen in Handykameras sprechen und davon berichten, wie sie Medienkonsum handhaben, dann muss man ein paar Dinge beachten.

Erstens: Sie könnten lügen. Das ist die naheliegendste, realistischste Annahme für so ziemlich alle Menschen, die im Internet etwas über ihren Lebensstil berichten. Da hat sich viel getan in den letzten Jahren, sicherlich, dennoch.

Zweitens: Es ist ihr Job. Influencen ist ein Job. Bäcker backen Brot, Pilotinnen fliegen Flugzeuge, Influencer*innen produzieren Content. Deshalb bevorzugen viele auch den Begriff des Content Creator. Es ist Arbeit und im Fall von so einigen Insta Moms ist nun mal das Zuhause der Arbeitsplatz, die Erziehung der Kinder Teil der medialen Selbstdarstellung und eure Reaktion Grundlage ihres Einkommens. Wirklich, die klügsten Content Creator wissen, dass es völlig egal ist, ob ihr sie feiert oder verabscheut, *every klick is a good klick.* Wenn eine Person es also durchzieht, dass ihre Kinder vor dem dritten Lebensjahr keine App öffnen, keine Serie und keinen Film schauen dürfen, und sie dann darüber im Internet spricht, dann weiß sie, dass ihr darauf reagieren werdet. Clickbait. Ihr werdet es entweder screenshotten und einer anderen Person schicken, oder einen Post direkt teilen und euch vielleicht darüber lustig machen, oder ihr schreibt ihr bzw. noch besser, kommentiert den Post. Hauptsache ihr reagiert, und solange Kooperationen abhängig von Story Views und Interaktionsraten bezahlt werden, werden Menschen, die Content produzieren, versuchen, diesen so zu steuern, dass er bei der Followerschaft eine Reaktion hervorruft.

Drittens: Natürlich kann es sein, dass manche Eltern es wirklich hinbekommen, dass ihre Kinder ohne irgendeine Form von Bewegtbildern aufwachsen und sie diese Tatsache dann wiederum als Bewegtbild durch YouTube oder Reel-Formate monetarisieren. Und das ist fein. Das ist total klasse, dass Eltern da draußen ihre kleinen Kinder nicht fernsehen lassen. Das hat nichts mit eurem Leben zu tun, das machen die so, und damit sind sie eine große Ausnahme.

Welche Botschaft bleibt also bei euch hängen? Dass Medienkonsum kleinen Kindern schadet? Auch wenn ich jetzt in die Whataboutismfalle tappe, aber können wir uns zumindest, trotz aller bestehenden Forschungsergebnisse zu dem Thema, darauf einigen, dass es Schlimmeres gibt? Denn was bei solchen Botschaften immer ignoriert wird, ist die Frage, wie es dir als Mutter dabei geht: Hi, wie geht's dir? Ich warte die Antwort nicht ab, denn sie ist irrelevant, was zählt ist, wie es deinen Kindern geht. Heute schon genug aufgeopfert? Heute schon getragen, gestillt, gekocht, geputzt, nicht geschrien, nicht geflucht, nicht bestraft, nicht »Nein« gesagt?

Dieser Fernsehkonsum-Glaubenssatz ist dann irgendwann so tief eingeschraubt im elterlichen Rest-Hirn, dass er sich nicht nur einnistet, sondern zum Stamm eines riesengroßen

Baums wird, an dem weitere Äste/Glaubenssätze, was alles vermeintlich »asozial«* ist, fri-fra-fröhlich weiterwachsen. Je älter die Kinder werden, desto mehr Annahmen kommen hinzu.

Fernsehen ist und bleibt jedoch die Königsdisziplin der »Asozialität« in den Augen angeblich perfekter Eltern. Es vereint die zwei Lieblingsaspekte des ultimativen Bösen: Verblödung und Faulheit. Deshalb sollen ja die Babys nicht fernsehen, das Gehirn könnte darunter leiden. Das Kind könnte »dumm« werden! Und dann unter Umständen kein Abitur machen. (Beruhigt euch mal wieder: Wenn ihr Abi habt, werden eure Kinder statistisch gesehen Abi machen, auch wenn sie »dumm« sind. Ihr zahlt dann einfach für die Nachhilfe.)

Zurück zu meiner Situation als junge Mutter. Wir befinden uns also in einem meiner ersten großen Erwachungsmomente als Migrantenmutti. Das Kind ist schon lange nicht mehr klein, es ist immer noch Einzelkind, aber ich bin noch mitten in der »Wenn eine Serie, dann aber eine gute«-Phase. Für mich war das ganz klar *Janoschs Traumstunde*, finde ich immer noch hervorragend, auch *Oonas und Babas Insel*, mega, dicke Props an Christian Ulmen, wir haben viel gelacht.

Es folgt nun der deutscheste Satz meines Lebens: Als ich im Dänemarkurlaub die Janosch-Biographie von Angela Bajorek las, wurde mir klar, was ich einfach nicht gewusst hatte: Janosch ist ein Migra-Boy. Seine Figuren, angelehnt an Familienmitglieder, transportieren Migra-Humor vom Feinsten, seine Bücher sind krass klug, wenn auch sexistisch. Bis dato

* Der Begriff »asozial« ist extrem problematisch, auch hier können wir uns bei den Nazis bedanken. Im römisch-griechischen Ursprung soll es so etwas wie »gegen die Gemeinschaft« bedeuten. »Asozialität« war ein Grund, um Menschen ins Konzentrationslager zu stecken, die bis heute keine anerkannten Opfer nationalsozialistischer Verfolgung sind und keinen Anspruch auf Entschädigung besitzen. In diesem Buch wird von »assi« oder »asozialem« Verhalten gesprochen, wenn es zum einen um die empfundene Wahrnehmung von Migras in der Mehrheitsgesellschaft geht, zum anderen aber auch, wenn es darum geht, was heute von privilegierten Mitgliedern der Mehrheitsgesellschaft als »asozial« wahrgenommen wird.

war ich fest davon überzeugt gewesen, dass die Tigerente Diddl für Bildungsbürger ist. Ich bin ja Generation Tigerenten Club, lebte in der Hochzeit der Janosch-Kommerzialisierung. Mir wird gerade mitgeteilt, dass es den Tigerenten Club noch gibt, na denn, Mazel.

Jedenfalls, ich wusste nicht, dass Janosch wirklich schöne Sachen geschrieben hat und ein krasses Leben hatte. Das war eure Kindheit, mit diesen Geschichten, liebe Mehrheitsgesellschaft? So schön! Wir hatten auch alle einen Onkel Popoff, also meistens hieß er Wowa, aber die Ähnlichkeit ist verblüffend. Also kaufte ich so gut wie jedes Buch auf so gut wie jedem Flohmarkt und verlor mich in den schönsten Geschichten über Freundschaft und Kleinsein und Großsein und Gerechtigkeit. Dem Kind war es relativ wumpe, Hauptsache, irgendwer las irgendwas vor.

Bis wir uns eines Nachts in der Notaufnahme eines Berliner Krankenhauses fanden, unser Kind an einem Sauerstoffgerät angeschlossen, und ich vor lauter Mutterliebe nicht mehr wusste, was ich fühlen sollte, ich war überfordert. Es sollte nicht der letzte Krankenhausbesuch bleiben. Genaue Ursachen konnten nicht festgestellt werden, aber es wurde uns dringend geraten, das Kind aus der Kitabetreuung zu nehmen und erst nach einer längeren Pause einen Platz bei einer Tagesmutter zu finden.

Das Kind sollte ruhen, es sollte vor allen Dingen während der Krankheitsphasen ruhen. Nun war das aber ein Kind, das mit Ruhen nicht viel anfangen konnte. Also guckten wir *Janosch*. Die gleiche Folge. Immer wieder. Stundenlang. Das Kind schlief ein, das Kind guckte, das Kind wurde getragen, geschoben, und es ging ihm besser. Den Tagesmutterplatz kriegten wir auch. Außerdem war es uns ab dem Zeitpunkt krass egal, wie lange das Kind die *Traumstunde* schaute. Manchmal tagelang gar nicht, dann wieder eine Stunde am Tag, oder einen Film in der Woche. Oder auch mal stundenlang durch.

Diese neu etablierte Ambivalenz in meinem Leben hielt

sich bis zum Januar 2021. Das Leben in Deutschland war geprägt von Lockdowns, Homeschooling, Burnouts, Erschöpfungszuständen bei Eltern, kurzum, geil war anders. Nach fast einem Jahr Corona lagen die Nerven verständlicherweise blank.

Während des ersten Lockdowns hatten sie auch blank gelegen. Die Hoffnung war noch stark gewesen, dass es bald vorbei sein würde, und alle versuchten weiterzumachen. So wie vorher. Aber nichts war wie vorher. Spielplätze waren abgesperrt, Familien sollten parallel in Wohnungen arbeiten, zur Schule gehen und in Elternzeit sein. Während manche Bananenbrot backten oder *Tiger King* guckten, wussten Eltern irgendwann nicht mehr weiter. Wir können hier eigentlich von Müttern sprechen, es sollte inzwischen allen bewusst sein, dass Müttern in dieser Zeit klar wurde, dass sich niemand für sie interessiert.

In meinem Kopf war dieser erste Lockdown eine Ausnahmesituation. Niemand wusste, was noch kommen würde, was richtig war, und die meisten von uns hatten auch wirklich Angst. Ich meine, wir haben Supermarktverpackungen desinfiziert. Ich wiederhole: Es war eine nie zuvor dagewesene Situation, eine globale Pandemie. Ein echter, wirklicher Ausnahmezustand.

Doch auf Instagram galt die Devise: business as usual, nur mit farblich unterlegten Stundenplänen. Nach ein bis zwei Wochen verkündeten die ersten Muttiaccounts ganz, ganz vorsichtig, sie hätten nun doch nachgegeben und die Medienzeit erhöht. Gerechnet wurde in Minuten, erhöht wurde von 20 auf 30, andere wiederum schmissen ihre »Geguckt wird nur am Wochenende«-Regel radikal über Bord und siehe da, es gab alte *Sendung mit der Maus*-Folgen auch am Mittwoch. Wow.

Gerechtfertigt wurde dieser unfassbare Ausbruch des Hedonismus damit, dass Mutti einen Videocall hatte. Und den Rest der Zeit? In dem sie ja auch arbeiten musste? Rastete sie aus, aber ganz leise. Allein mit keine Ahnung wie vielen Kindern in einer Wohnung, der Mann entweder im Büro oder ganz chillig am Rechner im Schlafzimmer, er musste ja in Ruhe arbeiten. Denn: Er verdiente mehr. Denn: Sein Job war mehr wert. Denn: Sie kann das auch abends noch nacharbeiten. Gibt es schon Zahlen zu den Scheidungsraten nach Corona?

Ich schrieb also Anfang 2021 online:

»Bitch, mach den Kack Fernseher an und arbeite. VERARSCH-ST du mich? Und wenn du dabei bist: schmeiß Tiefkühlpizza in den Ofen, Dino Nuggets, mach dir ein Bier auf und rock die Exceltabelle! Was geht ab?«

Ich konnte es nicht glauben, mir fehlte jedes, aber wirklich jedes Level an Verständnis gegenüber diesem Festhalten an den eigenen Glaubenssätzen. Vielleicht wollte ich es auch nicht glauben. Die Konstellationen sind ja immer anders, mal verzichtet eine Mutter in Elternzeit mit zwei kleinen Kindern auf Medienkonsum, mal eine mit Schul- und Kitakind. Oder eine mit mehreren Kitakindern? Puh.

Erschöpfte Menschen sprachen in Kameras und zählten auf, welche Bastelaktivitäten sie am zu Ende gegangenen Tag unternommen hatten. *Mach den Fernseher an!* Sie erzählten, wie schwierig es mit einem Fünf- und einem Dreijährigen ist, zwei bis drei Stunden am Tag in Videocalls zu sein. *Mach den Fernseher an!* Das Schulkind war ab 12 Uhr fertig mit Schule und Hausaufgaben, der Arbeitstag war dann aber erst zur Hälfte absolviert. *Mach den Fernseher an!*

Aber. Sie können doch nicht Kinder stundenlang vor den Fernseher setzen!? Über Tage, wenn nicht über Wochen? Doch. Geht. Geht sogar richtig gut. Wisst ihr, wer echte Probleme im Lockdown hatte? Eltern, die während des Lockdowns arbeiten gehen mussten. Auswärts. Nicht via Zoom. Für die gab es Notbetreuung, richtig.

Wir begeben uns jetzt mal auf eine Ebene, die wehtun wird und die wirklich, wirklich unangenehm, vielleicht auch unfair erscheinen könnte, aber here we go:

»Wie fucking privilegiert musst du sein, dass du a) im Homeoffice arbeiten kannst und b) anscheinend deine reguläre Arbeitswoche von 20 bis 30 Stunden die Woche irgendwie an zwei bis drei Stunden am Tag hinkriegst? Ist hier eigentlich irgendwem auf dieser komischen App bewusst, dass Homeofficegelaber schön und gut (danke auch an die Einrichtungstipps) ist, aber am Ende des Tages krass viele Menschen ihre, Entschuldigung, echten Jobs, nicht im Homeoffice machen konnten? Während ihr GEKLATSCHT und davon Videos gemacht habt???«

Auch das schrieb ich im Januar 2021. Noch nie wollte ich so gerne »Heul leise« in die Welt hinausschreien. Um mich herum verloren Menschen ihre Existenzen, lebten nur noch von ihren Ersparnissen, Musiker*innen, Künstler*innen deutschlandweit gaben online Konzerte, lasen vor Ringlichtern, lebten am Existenzminimum. Für Fotograf*innen brach von einem Tag auf den anderen ihr Leben zusammen. Gastro-Menschen? Done.

Die Restaurants, Clubs, Bars, Theater und Cafés, die über Monate unregelmäßig schließen mussten? Viele machten nie wieder auf. Die freiberuflich Arbeitenden, die erst Coronahilfen erhielten und sie dann zurückzahlen mussten? Viele von ihnen wurden in die Festanstellung gezwungen.

Corona hat uns gezeigt, was dieses Land von Familien hält, sicherlich, aber auch, was es von Menschen hält, die nicht festangestellt in einem Büro arbeiten. Interessantes Gefühl, nicht wahr, wenn man denkt, das eigene Land kann einen nicht ab? Seine Gesetze, seine Hilfsprogramme …, alles nicht für einen selbst? Beschissenes Gefühl ist das.

Also entschuldigt bitte, dass Eltern von gelangweilten Kindern, die kein Fernsehen gucken durften, the least of my problems waren.

Ich gab auf. Ich gab auf, immer Verständnis für eine Schicht zu zeigen, für Menschen, die nicht mit Zugehörigkeit hadern müssen, für Einkommen, die gesichert waren, für Eltern, die selbst eine Tigerenten-KiKa-Kindheit hatten. So wurde aus Unverständnis ein Lachkrampf der eigenen Erschöpfung, mithalten zu wollen.

»Ich dachte mir echt, ich kann noch so viel studieren, fette

Jobs machen, Buchdeals an Land ziehen, aber ich bleibe ein ›Assi‹-Migrantenkind, denn Freundin, ich sehe deinen Stress nicht. Wo isser, was da los? Welchen Komplex lebst du da gerade aus? Was passiert da gerade in deinem Kopf? Wenn du die Kinder stundenlang Fernsehgucken lässt, was passiert dann? Werden sie dann zu kleinen ›Assi‹ Schlüsselkindern? So wie die anderen Kinder, die du von der Grundschule aus deiner Straße vom Vorbeigehen her kennst, während du schnell zur guten Schule deines Kindes schreitest, damit du dann zu deiner Bullshit-Arbeit gehst, wo du irgendwelchen Marken irgendwelche Zahlen oder Claims präsentierst?

Hast du Angst, dass das Fernsehen aus deinen Kindern ›Assis‹ macht?

Zahlst du Miete? Zahlst du Strom? Zahlst du ein Haus ab? Zahlst du für die Lebensmittel? Zahlst du für die Reitstunden, den Sportverein und die ganzen Nexo-Knights-Spielkarten? Haben Jonas Jasper oder Marie Magdalena einen Job? Nee, oder? Da du also eine berufstätige Mutter bist, die mit ihrer Berufstätigkeit RECHNUNGEN bezahlt, die allen helfen, zu leben, zu essen, und zu duschen, sollte deine Arbeitszeit während einer weltweiten Pandemie unter Umständen wichtiger sein als die vermeintlich verblödenden Gehirnzellen deines Grundschulnachwuchses. Who the fuck cares, jetzt mal ganz im Ernst.

Oder warte mal ganz kurz, arbeitest du nicht, um diese Rechnungen zu zahlen? Doch, oder? Oder arbeitest du für das Teakregal, den Winter auf Bali und die veganen Turnschuhe? Für deine Putzfrau? In dem Fall lass dir von meiner Kindheit erzählen, und der von jedem anderen kleinen Migra-Kind, das ich kenne, voll süß. Da war es im Normalfall so, dass die Mütter, die wir so hatten, putzen gegangen sind, *nach* ihrer Festanstellung. Weil sie mussten. Voll witzig. Aber wenn man Mütter hat, die im Schichtdienst arbeiten und nebenher putzen, wisst ihr, wer dann mindestens 50 Prozent der Hausarbeit macht? Richtig, die Männer. True Story. Weil sie mussten.«

Zwei Jahre später lese ich diesen Text, der damals so hohe

Wellen geschlagen hat. Es war einfach, ihn zu schreiben, aber aus dem Text sprach auch Neid. Neid darauf, dass es das größte Problem von Müttern sein kann, wie viel Fernsehen ihr Kind schaut. Übrigens ist es nicht die Sorge um das Gehirn ihrer Kleinkinder, die sie in Wahrheit umtreibt, es ist die Sorge um ihren Status. Sie wollen zwar, dass sie glücklich werden, aber im Kern haben sie Angst, dass ihre Kinder abrutschen könnten.

Oh. Wohin, wohin abrutschen? Nach unten? Da, wo sie statistisch gesehen nie landen werden?

Liebe Eltern der gut verdienenden Mehrheitsgesellschaft, ihr tut alles, um nicht spießig zu sein, aber ihr kommt da nicht mehr raus. Manche von euch sind in die gemütliche Mittelschicht geboren, manche von uns auch, aber wir wissen beide, es geht nicht um das Geld, es geht darum, wer wie viel Fernsehen guckt, nicht wahr? Geld verdienen können wir alle, aber dazugehören, argh, das wird schwieriger. Aber kann es sein, dass wir jetzt die Coolen sind?

Eure Teenager wollen so reden wie wir, den bestimmten Artikel hat Gen Z schon lange zurückgelassen, genauso wie den Akkusativ, TikTok-Tänze vereinen alle in ihrer Albernheit. Kann man westdeutsche Spießigkeit unlearnen? Kann man lernen, keinen Fick zu geben? Ihr kauft Ratgeber, die genau diesen Titel tragen, zieht euren Babys Nirvana-Shirts an und besorgt euch kleine Tattoos, die etwas bedeuten, etwas Wichtiges, damit ihr noch irgendetwas spürt.

Und das schrieb ich 2021 auch noch: »Immer höre ich die Bedürfnisse der Kinder, die Bedürfnisse der Kinder. Ist wichtig, keine Frage, aber wer *kümmert* sich um die Kinder? HA! Und wem bringt das was, wenn ihr euch wegen Erschöpfung und Burnout einweisen müsst, weil ihr, warum auch immer, gedacht habt, ihr müsst hier pädagogisch wertvolle Unterhaltung 24/7 anbieten? Während eines weltweiten Ausnahmezustandes? Wann genau wurde dieser Deal gemacht? Und von wem mit wem?«

Wie ist es so weit gekommen? Was genau ist am Fernsehen

das Schlimmste, was euren Kindern passieren kann? Woher kommt die Assoziation mit dem vermeintlich »Asozialen« und warum habt ihr davor so große Angst?

Ihr wart eingeschlossen, wisst ihr noch? Alles hatte zu. Alle hatten Angst.

Aber was, wenn der Ausnahmezustand ein Leben wäre? Dieses Gefühl von Erschöpfung, diese Ausweglosigkeit und auch dieses Nichthinterherkommen. Nicht wegen zuckerarmer Ernährung, nicht wegen Holzspielzeug, nicht wegen musikalischer Früherziehung. Sondern weil man allein erzieht, pflegebedürftige Kinder oder Angehörige hat, migrantische Eltern, die beide arbeiten, putzen gehen oder am Wochenende auf dem Bau sind? *All of the above?*

Gab es schon immer, gibt es immer noch. Was dermaßen Erschöpfte nicht haben? Das Privileg, zu Hause zu bleiben, um den Fernsehkonsum ihrer Kinder kontrollieren zu können.

Ich war ein Fernsehkind *und* ich war ein Bücherkind. Ich habe studiert und kann *Gossip Girl* mitsprechen. Auch wenn gerade nicht Lockdown ist, irgendwas ist immer. *Macht den Fernseher an!* Scheißt drauf, bitte, lasst ihn laufen, glühen, egal. Aber fühlt euch nicht schuldig wegen ein paar Zeichentrickserien. Eure Kinder werden klarkommen.

»Meine Mutter hat immer versucht, einen ghanaischen Freundeskreis aufzubauen, zu erweitern und zu pflegen, was in den 90ern in einer Kleinstadt gar nicht so leicht war. Schließlich gab es noch kein Social Media und meine Mutter kam komplett allein und isoliert nach Deutschland. Sie war aber recht erfinderisch, hat andere Schwarze Menschen auf der Straße angesprochen etc. Einmal hat sie in einer regionalen Zeitung eine Hochzeitsanzeige von einer Ghanaerin mit einem Deutschen gesehen und irgendwie über die Zeitungsredaktion ihre Telefonnummer herausbekommen. Wir sind bis heute mit der Familie eng befreundet. Ich erinnere mich, dass es bei ihrer Hochzeit ein Brautpaar auf der Hochzeitstorte gab, und weil es die nur in weiß gab, hat sie die Braut selbst braun angemalt. Als ich zwanzig Jahre später vor der gleichen Herausforderung stand (ja, es hat sich tatsächlich nichts getan), habe ich mir einen hellbraunen Filzstift gekauft und das Gleiche gemacht. Das Brautpaar von unserer Hochzeitstorte habe ich immer noch.«

Regina Feldmann

HAUSSCHUHE

»Echte Ausländer nehmen ihre Hausschuhe überall mit hin.«

Daya (@muttimachmal)

Meine Freundin Marlene Hellene und ich sind extrem reisekompatibel. Das ist viel wert in Freundschaften und keine Selbstverständlichkeit. Ich würde mir mit manchen der besten und tollsten Menschen in meinem Leben kein Hotelzimmer teilen und ganz sicherlich keinen Urlaub mit ihnen verbringen. Ich habe sogar Eltern in meinem Leben, deren Kinder ich noch nie kennengelernt habe, und die kennenzulernen ich auch nicht vorhabe.

Auf Reisen treffen nicht nur persönlicher Geschmack, Mentalität, Schlafgewohnheiten und Pizzabelagfavs (keine Pilze!), sondern natürlich auch Kinderstu… äh kulturelle Sozialisierung und Herkunft aufeinander. Und damit meine ich nicht, dass Marlene Badenserin ist und ich Ostwestfälin, unsere sprachlichen Barrieren haben wir inzwischen überbrücken können. Nein, Marlene ist deutsch-deutsch und ich halt nicht.

Als wir uns das erste Mal ein Hotelzimmer geteilt haben und ich vor ihr am Hotel ankam, schrieb ich ihr, damit es nicht awkward zwischen uns werden würde: »Denk dran, dieses Hotelzimmer hat dank mir Migrationshintergrund, du kannst nicht mit Straßenschuhen rein.« Sie schickte Tränen lachende Smileys aus dem Taxi, aber als sie über die Türschwelle gehen wollte, musste ich sie erinnern.

Auch bei einem Hotelzimmer ist die Straßenschuhe-ausziehen-Regel, die für viele Migras ein Reflex ist, von immenser Bedeutung. Durchschnittliche Hotelzimmer sind, wenn ihr Lust habt, euch damit zu beschäftigen, tatsächlich meistens schon so ganz schön ekelhaft. Nicht nur *Beverly Hills* Housewife Lisa Rinna desinfiziert noch einmal alles durch, bevor sie Türklinken, Telefon und Fernbedienung anfasst. Aber, wie so vieles im Leben geht es uns wahrscheinlich besser, wenn wir das Offensichtliche gekonnt ignorieren. Also ja, Hotelzimmer sind nicht die Krönung der Sauberkeit, aber auch: Ja, bitte zieht die Schuhe aus, denn eure Straßenschuhe sind nicht für Innenräume.

Die Straßenschuhberge neben, hinter und vor Wohnungs- und Haustüren sind ein geteiltes Kindheitserlebnis für viele Migras da draußen. Eine Kollektiverinnerung, die viele Menschen, gutes Essen, jede Menge Cousins und Cousinen und eine Lautstärke jenseits von akzeptabel beinhaltet. Und schlafende Kleinkinder unter Jackenansammlungen, auf Stühlen oder in Sofaecken.

Das hier ist kein Plädoyer dafür, dass alle Menschen ihre Straßenschuhe in Wohnräumen ausziehen sollten. Es ist auch keine Streitfrage. Es ist ein ehrliches WTF an alle Menschen, die mit Straßenschuhen Wohnräume von anderen Menschen betreten. Es gibt kein einziges Argument dafür, wenn man egal wo, egal warum, zu Besuch bei anderen Menschen ist, die Schuhe anzulassen. Gibt es Ausnahmen? Nein. In diesem Fall nicht. Ob Handwerker, Sanitäter und Stromzählerableser eine Ausnahme darstellen? Nein, denn sie sind kein Besuch. Sie kommen zum Arbeiten. Was sie tragen, sind zum Teil Sicherheitsschuhe, die sie unbedingt anlassen sollten.

Ich sehe sie schon, die kopfschüttelnden »Aber-aber-Denkenden«. Aber, aber, was? Ihr wollt Straßenschuhe in Wohnräumen tragen, bitte schön, gönnt euch, in eurem Zuhause. Sollten die härtesten Hater unter euch mich in Bildern taggen, in denen sie in Straßenschuhen bei sich zu Hause verweilen, sorry, das ist kein Flex, das ist einfach ein Bild von euch und euren Fäkalbakterien unterm Küchentisch. Wenn ihr wirklich mit einem Bild prahlen wollt, dann zeigt doch eure Salzsammlung. Ach nee, ist auch kein Flex, ist nur Salz.

Mit meinem Mann habe ich in Berlin regelmäßig Möbel abgeholt, auch in Haushalten, in denen die dort wohnenden Menschen Hausschuhe trugen und die Straßenschuhe an der Türe standen. Mein Mann, deutsch wie er ist, fragt zumindest: »Soll ich die Schuhe ausziehen?«, ich zische, während meine Schuhe schon ausgezogen sind, »einfach ausziehen, nicht fragen«.

Hier wieder einmal ein Fall von unterschiedlicher Wahrnehmung, Herkunft, Erziehung, was auch immer: Ich komme in eine Wohnung, in der ich noch nie war. Ich sehe, dass Straßenschuhe am Eingang stehen, die Menschen, die dort leben allesamt Socken oder Hausschuhe tragen, für mich ist es klar, dass ich meine Straßenschuhe auch ausziehe. Ganz davon abgesehen, und seien wir mal ganz ehrlich, dass ich sie eh ausgezogen hätte. Aus Reflex.

Ich kenne migrantische Mütter, nun gut, genau eine, die deshalb weißen Teppich verlegt hat. Im gesamten Erdgeschoss, damit sie es auf den Teppich schieben kann, wenn sie Menschen darum bittet, ihre Schuhe auszuziehen. »Ich hatte einfach keinen Bock mehr, jedes Mal zu wischen, wenn deutscher Besuch da war.« Radikal. Aber wirksam.

Ich habe in sehr vielen Städten und Ländern gelebt, aber vor allen Dingen bin ich auf dem Land groß geworden. Zu keinem Zeitpunkt meines Lebens bin ich mit meinen Schuhen durch Feenstaub und Rosenblätter gehopst, nein, wie jeder andere in Berlin lebende Mensch habe auch ich den einen oder anderen Hundehaufen mitgenommen. In Scheiße bin ich getreten. In Kacke! Da es Berlin ist, wer weiß schon, ob es jetzt Hundekaka oder Menschenschischi war. Weiß kein Mensch. Mir wurde in Hamburg in der U-Bahn vor die Füße gekotzt (ich war's nicht), pinkelnde Penisse gehörten zur Tagesordnung an der Turmstraße, und die runtergefallenen Eiskugeln, Dönerreste und Ketchuplachen konnte ich nicht mehr zählen. Vielleicht ist es wirklich sauberer im Schweinestall als an einer Straßenbahnstation, aber: Da draußen in der Welt, da ist es dreckig.

Gut, wenn Tante Erna von ihrem Zuhause aus in ihren Polo steigt, dann aus dem Polo ein kleines Stück über den Parkplatz in den Supermarkt geht, dann im Supermarkt ist, dann den gleichen Weg nur rückwärts abspult, dann, ugh, ja ok, dann ist es zwar auch nicht gerade geil, aber hey, vielleicht etwas besser, als wenn mir jemand sagt, er kommt gerade aus Friedrichshain und möchte nur schnell auf mein Klo, bevor wir essen gehen, in seinen Straßenschuhen. Direkt Brechreiz.

Tante Erna, sehr geehrte Damen und Herren, würde das aber nie tun, denn Tante Erna ist oldschool und würde sehr wohl ihre Schuhe im Zuhause anderer ausziehen. Die ein bis zwei Generationen dazwischen, die checken es nicht. Ich kann hier nur Vermutungen anstellen, denn in den letzten 50 Jahren ist (warum auch immer) niemand auf die Idee gekommen, Studien zum Thema Hausschuhe im Generationenwandel in Auftrag zu geben. Schade eigentlich.

Das stimmt nicht ganz. 2019 hat eine repräsentative Befragung des Marktforschungsinstituts iconkids & youth von 1231 Müttern 3- bis 13-jähriger Kinder Ergebnisse geliefert, denen ich mich prinzipiell verweigere. 53 Prozent aller befragten Haushalte gaben an, dass es ihnen lieber wäre, wenn der Besuch die Schuhe auszieht. Und. Angeblich: »Ganz gleich, ob West oder Ost, ob eher niedriger, mittlerer oder hoher Bildungsabschluss des Haushaltsvorstandes, oder ob die Familie einen Migrationshintergrund besitzt – das Verhältnis der Schuhausziehhaushalte zu den Nicht-Schuhausziehhaushalten ist immer gleich.«

Außer wohl in Berlin. Ah, ja? In Berlin, dem Moloch unserer Gesellschaft, würden es nur 34 Prozent bevorzugen, was bedeutet, dass 66 Prozent sich gerne Fäkalbakterien auf dem Parkett gönnen. I doubt it. Die Frage ist ja, wie verhalten sich Menschen in Umfragen? Meine Eltern sagen permanent zu deutschem Besuch, sie sollten ihre Schuhe bitte anlassen, mit einem Gesichtsausdruck, der mich stark an die damalige

Vogue- und Teen-Vogue Westküsten-Direktorin Lisa Love erinnert, als sie Lauren Conrad in der Serie *The Hills* mitteilt, dass sie dann wohl für immer das Mädchen sein wird, das nicht nach Paris ging. (Was fast niemand weiß: Dieser berühmte Einzeiler kommt ursprünglich von Frau Anna Wintour herself. Sie wollte von Lisa Love wissen, was aus dem Mädchen wurde, das nicht nach Paris ging, und Love übernahm es dann während der Dreharbeiten.)

Menschen sagen also in Umfragen sehr oft das, von dem sie glauben, dass es von ihnen erwartet wird. Anders kann ich mir diese Ergebnisse nicht erklären. Obwohl, wusstet ihr, dass in Berlin tatsächlich »nur« 36,6 Prozent der Menschen einen Migrationshintergrund haben? »Den höchsten Ausländeranteil« gibt es übrigens in Mitte mit 36,7 Prozent. Aber vergesst nicht! *Weiße* Ausländer aus dem guten Ausland nennt man Expats! Die bringen dann Gentrifizierung und Flat Whites (no pun intended), während unsere Nachrichten voll sind von Kopftuchdebatten und Silvesterböllern, je nach Jahreszeit und Sommer- bzw. Post Weihnachten-Loch.

Wenn wir also super-wissenschaftlich davon ausgehen, dass die 34 Prozent in Berlin, die sich sehr wohl die Schuhe ausziehen, Migrationshintergrund haben, aber 36,6 Prozent der Menschen in Berlin Migrationshintergrund haben, wer sind dann die 2,6 Prozent? Angeheiratete und Franzosen.

Franzosen lassen wohl auch ihre Schuhe an, aha. Plötzlich seid ihr euch in einer Sache einig. Europäische Nachbarn sind genau dann die großen Verbündeten, wenn sie dieselben Angewohnheiten haben. Franzosen bestehen auf Straßenschuhe? Super, sagt Deutschland. Spanier geben kein Trinkgeld? So machen wir das auch, sagt Deutschland. Russland hatte den Gulag? Das … lassen wir mal an diesem Punkt.

Wobei ich mich dann wieder frage: welches Frankreich? Das ARD-Frankreich, das Baguette-und-Sartre-Café-au-Lait-Frankreich? Oder das migrantische Frankreich, weil, ganz ehrlich, die ziehen ihre Schuhe aus. Ich war in Paris, da ist nichts sauberer als in Berlin.

Apropos Frankreich, ich wollte noch etwas zu Bourdieu schreiben, kauft ihr mir das ab, dass ich ihn zitiere? Über den Unterschied zwischen sogenannten Alltags- und Sonntagsdingen, dass man es sich erarbeitet hat, schöne Dinge zu besitzen, und das wollte ich dann darauf beziehen, dass hier ein Wandel stattfand. Es gibt das Paar Sonntagsschuhe nicht mehr, man zieht irgendwie jeden Tag abwechselnd verschiedene Schuhe an, alle haben Ähnliches gesehen und erlebt. Doch was soll ich mit Bourdieu, wenn wir Betiel Berhe haben:

> »Kritisches Wissen und Theorien über gesellschaftliche Unterdrückungsmechanismen sind wichtig. Sie können empowern und helfen, die eigenen Erfahrungen besser einzuordnen. Im besten Fall erzeugen sie ein Gefühl von ›ich bin nicht das Problem‹ oder ›ich steh damit nicht alleine da‹, aus denen dann gesellschaftliche Widerstandsformen erwachsen können.
> Deshalb sollten sie nicht nur innerhalb einer akademischen Elite produziert und geteilt werden, die durch Sprache und Habitus bewusst ausschließt. (…) Und weil Orte der Wissensproduktion (z. B. Hochschulen) nicht so schnell ihre Tore für alle Menschen öffnen werden, sollten die Menschen, die den Zugang dazu haben, ihre Macht nutzen und zu einer klaren, verständlichen Sprache übergehen. Was ich damit aber explizit nicht sagen will, ist, dass Menschen ohne Hochschulabschluss komplexe Theorien nicht verstehen könnten und man deshalb das Niveau herabsetzen sollte. Eine solche Sichtweise ist per se diskriminierend und kommt zudem sehr paternalistisch und bevormundend daher. Das Einzige, was wirklich und für alle zu komplex ist, um begriffen zu werden, sind Formulare der deutschen Bürokratie – aber auch das ist nicht zufällig so.«[3]

Ich habe mich auch durch diverse Knigge-eske Artikel zum Thema gelesen. Sie alle reden über Holzböden, Privatsphäre und das Hausrecht der Gastgebenden. Gesunden Menschenverstand spricht fast niemand an. Violetta Simon fragt sich in der SZ beispielsweise: »Wer garantiert einem, dass der Boden warm genug ist? Und dass er nicht schmutziger ist als die Sohlen der abgestreiften Schuhe?«[4]

Ich, Frau Simon, ich garantiere Ihnen das. Man nennt sie Sledki oder Tapotschki und sie sind gestrickt und halten prima warm, passen sogar in die Handtaschen meiner Großmütter. Für den Schmutzgrad von Böden und Schuhen würde ich mich an ein beliebiges Labor wenden, deren Mitarbeiter*innen können Sie dann beim Lachen beobachten, wenn Sie vor ihnen Ihre Frage wiederholen.

Adelheid Wölfl lamentiert im STANDARD: »Es ist nicht so, dass man sich in Sarajevo aussuchen kann, ob man Hausschuhe anziehen will oder nicht. Es ist schlichtweg eine Frage der Zivilisation, eine Frage von Urbanität.«[5] Urbanität? Wie bitte?

Übrigens, Frau Wölfl ist deshalb so entsetzt über die sogenannten »Patschen«, weil sie gerne barfuß geht und das bitte auch in dem Massagestudio so handhaben möchte, in dem sie sich massieren lassen möchte. Doch, no way, ohne Patschen keine günstige Massage! Kommt, singt alle mit: »Regeln sind für alle da, auch für *weiße* Frauen! Regeln sind für alle da, auch für *weiße* Frauen aus dem ›Westen‹ mit Geld in postsozialistischen Ländern!«

»Die Masseurin mochte mich nicht. Das war spätestens dann zu bemerken, als ich ohne Schlappen zum Bezahlen kam.« Also in diesem Massagestudio gab es ein klares Hausrecht, eines, das sogar extrem synonym mit kulturellen Gepflogenheiten des Landes ist, und dennoch hat Frau Wölfl nur ein einziges Problem: Sie möchte lieber barfuß gehen, weil sie so heiße Füße hat. Niemand hat gefragt, aber wisst ihr was, ich habe auch heiße Füße, ich gehe immer barfuß, sobald ich es kann, aber Leute, auch in Deutschland wird euch jede Durchschnitts-Physiotherapie-Praxis bitten, euch die Filzpantoffeln anzuziehen. Und wenn ihr da reingeht und euch behandeln lassen wollt, dann macht ihr das, auch ich, mit meinen heißen Füßen. Ich kann natürlich nicht für Österreich sprechen, hoffe aber, dass das Massagestudio in Sarajevo dieser Karen ein klares Hausverbot erteilt hat.

In Museen und Schlössern gibt es so Schuh-Kondome, damit der Boden nicht zerkratzt wird, zumindest manchmal, und weil es halt bäh ist, wenn da Tausende Menschen am Tag durchlaufen, aber im Museum lebt nicht mal jemand und bei euch zu Hause schon. Ihr schreit laut auf, wenn eure Kinder auf dem Gehweg einen Zigarettenstummel aufheben wollen, aber wenn Inge vorbeikommt, sagt ihr, sie möge die Schuhe anlassen. Junge, bis zu 400 000 Keime und das zum größten Teil FÄKALBAKTERIEN baaaaaaaaaaaaaaaaaaah. Wie kann man das denn überhaupt noch Leuten erklären, die es nicht widerlich finden, ihre Straßenschuhe anzulassen?

Es gibt so viel furchtbare Werbung darüber, wie achtlose Kinder, Hunde, Ehemänner durch das Haus laufen, nach einem Regensturm oder einfach, weil sie scheiße sind, und dann so Gummistiefel-Hundepfoten-Matschabdrücke auf dem Boden hinterlassen. Wisst ihr, wer das in der Werbung wegwischt? Hahahahahahhahaha, die Mutti. Schade, dass wir keine Meghan Markle im Land haben, die denen mal einen Brief geschrieben hat.* Die Mutti schimpft auch nicht. Die Mutti winkt es ab. So und ich kann euch sagen, wie diese Werbung ausgesehen hätte, wenn es eine Migrantenmutti gewesen wäre. Erstens hätten wir das sogenannte Donnerwetter (ist Shitstorm neudeutsch für Donnerwetter?) unseres Lebens gekriegt. Da wäre nichts mit gewaltfreier Kommunikation gewesen. PUSTEKUCHEN, werte Freunde, da hätte es gescheppert, Kollegahs! Und dann, das ist hier auch nicht unwichtig: hätten wir es selber wegwischen dürfen.

»Der Hund kann nichts dafür«, sagt ihr? Der Hund meiner Eltern (genau genommen der Hund meines Bruders)

* Als Meghan Markle ein Kind war, hat sie sich über sexistische Putzmittel-Werbung per Brief beschwert, Recht erhalten und die Werbung wurde geändert. Danke, Merk …, Markle.

nutzt eine eigene Pfoten-Saubermach-Station, bevor der nach einem matschigen Ausflug ins Haus kann.

Gerade bei diesem Dreck-ins-Haus-reinschleppen-Aspekt ist es für mich einfach ein Mangel an Respekt gegenüber den Menschen, die da saubermachen.

Olga Grjasnowa (die Schriftstellerin, für alle, die keine Ahnung haben) hat diese gesamte Diskussion mit einem einzigen Satz, der eher ein Mic Drop war, analysiert und geklärt. Sie sagt im ZEIT-Podcast *Alles gesagt*: »Die Deutschen ziehen ihre Schuhe nicht aus, weil sie ihre Böden nicht selber wischen.« Und das ist nicht so weit hergeholt, wie man vielleicht denken mag.

Doch es ist nicht nur der Ekelfaktor, Schuhe haben Rillen und in diesen Rillen setzen sich gerne kleine Mini-Steinchen fest. Diese Steinchen kratzen, Laminat, Parkett, egal. Hier also auch wieder die Wertschätzung, der Respekt gegenüber einem eventuell (bei Migras wahrscheinlich) selbst verlegten Boden. Wenn es mir egal ist, ob und dass meine Schuhe den Boden einer anderen Person zerkratzen könnten, geht es wieder einmal um noch etwas ganz anderes. Dann habe ich die Einstellung: Sollte ich etwas kaputt machen, kann ich es ja bezahlen, oder meine Versicherung übernimmt es.

Wer noch nie Geldprobleme hatte, geht extrem entspannt durchs Leben. Muss schön sein. Bei allen anderen herrscht eine konstante Angst, unerwartete Rechnungen könnten ins Haus flattern. Versicherungen haben weiß Gott nicht alle, sie sind teuer.

Man ist also automatisch strenger zu den eigenen Kindern, denn die Angst, sie könnten etwas kaputt machen, steht über dem eigenen Anspruch, verständnisvoll und laissez-faire-mäßig zu agieren. Entspannt zu erziehen, muss man sich leisten können.

Wir wurden nicht so erzogen, weil unsere Eltern seltsam waren, sondern weil unsere Eltern konstant in der Angst leben mussten, etwas bezahlen zu müssen, wofür kein Geld da war.

Schon mal aufgefallen, dass Deutsche ohne Migrationshintergrund es lieben zu betonen, dass es keine Absicht, sondern nur ein Versehen war? Als ob so etwas wie Schuld oder Strafe dann keine Rolle spielen würden. Der Klassiker in dem Zusammenhang: Niemand »wollte« den Juden etwas Böses, und überhaupt, man kann ja wohl nicht ein ganzes Volk zu Tätern machen. Deutsche betonen bei jeder sich bietenden Gelegenheit, dass etwas, dass sie abgefucked haben, keine Absicht war, weil sie keine Täter sein wollen. I mean, obviously, wir wissen alle, wie man einen Unfall definiert.

Wenn du absichtlich Steinchen über einen Holzboden schleiftest, würde man sich auf jeden Fall Sorgen machen. Doch, und hier zitiere ich sehr gerne Tante Sophie aus meinen geliebten Sissi-Filmen: »Man muss auch auf das Unvorhergesehene vorbereitet sein.« Korrekt.

Willkommen im Migra-Life.

In dem bestimmt das Unvorhergesehene dein Leben. Polizeikontrollen, Duldungsaufschiebungen, Abschiebungen, Nachzahlungen, Kopiergeld, nichts davon ist vorgesehen. Angst vor dem, was kommen könnte, und Dankbarkeit, wenn man es wieder irgendwie einen Monat geschafft hat. Deshalb bereiten Migra-Eltern ihre Kinder auf jeden möglichen Ernstfall vor, und nicht migrantische Eltern sagen »Wird schon« oder »Alles wird gut«. Polizeigewalt ist sicherlich *das* Thema in rassifizierten Haushalten. Nicht-*weiße* Kinder und Jugendliche müssen von ihren Eltern darauf vorbereitet werden, wie sie sich verhalten sollen, wenn sie von der Polizei angehalten oder kontrolliert werden. »The Talk« hat in nicht-*weißen* Haushalten weniger mit Blümchen und Bienchen zu tun als mit der Tatsache, dass eine falsche Handbewegung oder ein falsches Wort ein Todesurteil sein können.

Vor- und Nachnamen auf deutschen Persos oder in Pässen ohne Bundesadler, die ein Polizist nicht aussprechen kann, ein Geburtsort weit weg von Deutschland, vor allen Dingen nicht Schweden oder die USA, ein rollendes R, vielleicht auch einfach ein Fade kombiniert mit einer Goldkette, du weißt nicht, welchen Hass der Beamte heute ausleben möchte. Vielleicht ist für ihn ein Max, der ein Maxim und kein Maximilian ist, an dem Tag auch nur ein Ausländer, den er hier nicht haben wollte. Bloß kein unüberlegter Spruch, bloß nicht grinsen, ganz, ganz ruhig bleiben. Dass das Herz schneller pocht, wenn ein Polizeiwagen vorbeifährt, dass der Puls rast, wenn dich der Polizist an der Warschauer eine Sekunde länger anstarrt, das ist die Lebensrealität von vielen Migras. Trau dich, Junge, falsch zu gucken, oder etwas zu sagen, wenn die Macht dir ins Gesicht blickt.

Und wir kennen die Geschichten, wir wissen: Die Tatsache, dass unsere Cousins, Brüder, Freunde und Barkeeperkollegen nicht in die Clubs reinkommen nach der Schicht, könnte an dem Abend noch das Harmloseste sein. Sie kommen aber in meine Wohnung rein, und ziehen ihre Schuhe vorher aus.*

* Die *Sex and the City*-Folge, in der Carrie ihre Schuhe durch genau so eine Bitte abhandengekommen sind? Nun zunächst einmal finde ich, dass in der Folge alles richtig abgelaufen ist. Carrie hat ihre Schuhe ausgezogen, die Gastgeberin hat sie ersetzt. Ich würde außerdem meinen Freundeskreis überdenken, wenn nun tatsächlich jemand einfach Manolos klaut, aber nun gut. Die Kreise, in denen sich eine Carrie Bradshaw bewegt, haben im Normalfall das nötige Kleingeld, um am Tag nach einer Party putzen zu lassen. Ich hasse diesen Euphemismus: Sie sind reich, sie haben Geld, sie sind wohlhabend genug, um sich eine Putze zu leisten, die nicht nur einmal die Woche kommt, sondern auch an einem Tag nach einer Party.

»Mir wurde sehr früh klargemacht, dass von mir immer mehr erwartet wird als von meinen *weißen* Peers und ich mir weniger rausnehmen darf. Gleichzeitig wurde mir immer weniger zugetraut. Irgendwie eine sehr widersprüchliche Message »Du musst immer besser sein, aber eigentlich kannst du nichts!« Wie soll ein Kind das erfüllen können.«

Regina Feldmann

»Was mir jetzt erst auffällt: wie sehr sich diese Frauen über Zuschreibungen von außen definieren. Und ich glaube, dass man das vor allen Dingen macht, wenn man sehr privilegiert aufgewachsen ist. Denn ich kenne das von keiner Person mit Behinderung, mit der ich befreundet bin, dass die sich so durch Fremdzuschreibungen bestimmen lässt.«

Ninia LaGrande

VORBILDER

Ich bin vor fast 10 Jahren das erste Mal Mutter geworden, am Ende meines Masterstudiums, und auch gegen Ende meiner Zwanziger. In Berlin war ich damit de facto eine Teenage Mom. Ich hätte eine eigene Realityshow verdient gehabt, denn um mich herum hatte nicht nur kein gleichaltriger Mensch Babys, sie dachten nicht mal daran, welche zu kriegen. Weit und breit keine Vorbilder in meinem Alter, die mir zeigten, wie man das Mutterdasein mit dem ganzen Rest unter einen Hut bringt. Meine diversen 30-something-Chefinnen aus dieser Zeit hatten zumindest Kleinkinder. Sie waren die sogenannten Working Moms, an denen ich mich orientieren konnte. Meine entscheidende Prägung hatte ich allerdings nicht ganz ein Jahrzehnt zuvor erhalten, durch die Mutter der Kinder, auf die ich als Au-pair aufzupassen hatte.

Für weibliche Millennials aus gutem Hause bestand in den 2000ern die schwerste Entscheidung darin, was sie denn nun nach dem Abitur machen sollten. Work & Travel in Australien war für die Abenteuerlustigen. Au-pair in den USA war zwar super basic, aber man konnte das Englisch aus dem LK noch etwas aufpolieren, bevor es dann ans Anglistikstudium ging, auf Lehramt, versteht sich. Wer die entsprechenden Noten (oder das Geld) hatte, begab sich lieber direkt zum »Was mit Medien«-Studium, ohne das Auslandsjahr mitzunehmen. Das absolvierten sie später mit Erasmus in Barcelona. Alle waren in Barcelona.

Mitte der 2000er Au-pair zu sein, war eine extrem interessante Angelegenheit und hatte unterschiedliche Excitement-Levels zu bieten – je nachdem, auf wie viele Kinder man aufpassen musste und wie alt die waren. Ziemlich schnell erkannte ich zusammen mit den anderen, meist nicht mal 20-jährigen Au-pairs, die mit derselben Organisation in die USA gegangen waren, dass es im Hinblick auf den zu betreuenden Nachwuchs zwei Jackpot-Gruppen gab: Babys und Schulkinder. Alles dazwischen war echte Arbeit (aus Sicht einer kinderlosen 20-Jährigen). Die Babys konnte man *überall* mit hinnehmen, sie kriegten eine Flasche oder Brei oder Snacks, und die Schulkinder waren, wie »mein« älteres Kind, den ganzen Tag weg. Wenn sie nachmittags wiederkamen, spielte man dann Taxi oder machte Hausaufgabenbetreuung, das war es auch schon. Ich beneidete die anderen, die tagsüber quasi nichts zu tun hatten, denn über das Schulkind hinaus war mir ein Kleinkind anvertraut, fast drei Jahre alt*.

Aus meiner extrem subjektiven Wahrnehmung heraus hatten die meisten Au-pairs also nur Schulkinder oder ein Baby, auf das sie aufzupassen hatten. Kleinkinder waren, wenn überhaupt, in Daycare.

Meine Gastmutter bzw. Arbeitgeberin arbeitete zwar in Teilzeit, aber wechselte so oft ihren Job, dass ich irgendwann auch nicht mehr wusste, ob sie gerade angestellt war oder wieder studierte oder nun doch Bücher schrieb. Inzwischen ist sie eine sehr erfolgreiche Romanceautorin geworden. Wer wann wie auf diese Kinder aufpasste, wie detailliert wir den Wochenplan schrieben, wann es was zum Essen gab, welche Klamotten zu klein waren, welches Kind krank war, welches Kind zum Zahnarzt musste, war die Essenz des Kinderhabens und ich lernte es noch vor meinem ersten Tag an einer Uni.

Ich könnte ganze Bücher damit füllen, wie sehr ich diese Familie liebte, noch immer liebe, was für eine innige Beziehung wir haben, dass dieses Kleinkind später Blumenkind auf meiner Hochzeit war und das Schulkind das Lied zum Hoch-

* Wichtig wäre auch zu bemerken, dass es sehr wohl Vorgaben gab, wie lange wir arbeiten durften, und diese Stundenanzahl entsprach natürlich nicht der Arbeitszeit und den Fahrtwegen der berufstätigen Eltern, deren Kinder wir hüteten. Eltern in Vollzeit und Au-pair in Vollzeit war trotzdem stundenmäßig nicht ausreichend.

zeitstanz gesungen hat, sich selbst auf der Gitarre begleitend. Aber vor allen Dingen habe ich damals Mutterschaft aus der ersten Reihe erleben dürfen. Ich kann es nicht genug betonen, als Zuschauerin, natürlich. Einer der Sätze, der mir dabei von der Mutter mitgegeben wurde, war folgender:

It is not your job to entertain her.

Das war so ziemlich das Gegenteil von allem, was meine Kolleginnen gesagt bekamen in den anderen Familien. Kinderbetreuung in den USA ist teuer, und wie ich ziemlich schnell herausfand, war es auch für den wohlhabenderen Teil der US-amerikanischen Bevölkerung günstiger, sich einen halben Teenager aus irgendeinem Land ins Haus zu holen, als für eine »echte Nanny« oder eine adäquate Tagespflege zu zahlen. Ein Wocheneinkauf im Supermarkt kostete mehr, als uns Au-pairs diese gleiche Woche zu beschäftigen. Wir bekamen nicht einmal den Hauch eines Mindestlohns. Erniedrigend? Oh, darling, absolutely.

Meine Au-pair-Familie war gerade aus San Francisco in eine Art Vorort von Washington, D.C., eine Kleinstadt in Virginia, gezogen und behielt ihre kalifornischen Nummernschilder aus Nostalgie so lange wie nur irgendwie möglich. Denn wo wir von nun an alle zusammenlebten, war es nicht *very Californian.* Kein Dreaming, kein Feeling, hauptsächlich drehte es sich hier um Geld und Status. Die Bezirke rund um D.C. waren geprägt von extrem großen Mansions, schlanken Menschen, fetten Autos. Hier lebten sie, die – durchaus intelligenten, offenen und welterfahrenen – Menschen, die in D.C. das Sagen hatten, ob tatsächlich im Kapitol oder als Lobbyist. Tagsüber hinterließen sie ihre Kinder, um mit der Orange Line der Metro oder im Auto über den Beltway in die Stadt zu pendeln. Stellt euch *Desperate Housewives* vor, nur mit Gartenpartys, auf denen sich die Gespräche um Gesetzesentwürfe drehen. Die Eltern hatten dementsprechend auch eher Obama-Kaliber, hochgebildet, witzig und auf dem Weg nach ganz oben. Natürlich, es gab auch die überzeugten Stay-at-Home-Moms, die ihre Tage tatsächlich im Spa oder im Country Club verbrachten. Ich wünschte, es wäre ein Klischee gewesen, aber nein, 2006 war das bittere Realität.

Auch wenn meine Gasteltern »ok« verdienten, waren sie nicht richy rich, so wie die meisten anderen in der Gegend. Oder so reich, wie wir dachten, dass diese sind, denn die Finanzkrise 2008 offenbarte zwei Jahre später so einige schlecht gedeckte Kredite. Meine Gasteltern hatten Student Loans, waren mit Anfang Dreißig verhältnismäßig junge Eltern (für D. C., für Virginia nicht), und das Geld war nicht knapp, aber auch nicht im Übermaß vorhanden.

Ich hatte Liebeskummer, meine Gastmutter eine Lebens- und Schaffenskrise, wir kümmerten uns zusammen um das kleine und das frisch eingeschulte Kind. Ich lernte, dass man Sachen vergessen durfte, dass Kinder andauernd krank sind, dass es Kinder gibt, die kiloweise Brokkoli essen können und dass andere, mit (nahezu) derselben DNA, im selben Haushalt aufgewachsen, nichts ekliger finden können. Ich lernte zudem, dass Lieblingskleider binnen einer Woche ihren Status verlieren können, und langsam fiel bei mir der Groschen: Kinder sind Individuen, vielleicht sogar Menschen, wow.

Sie haben Vorlieben, sie ändern ihre Meinung, und nur weil sie verwandt sind, müssen sie rein gar nichts genauso empfinden wie ihre Geschwister. War eine gute Lektion. Eine von vielen. Ich merkte außerdem, dass die trotz aller Krisen gechillte Natur meiner Gastmutter gut mit dem Gemütszustand einer 20-Jährigen harmonierte. Uns war einfach sehr viel egal. Mir, weil es nicht meine Kinder waren, und ihr, weil sie zehn Millionen andere Dinge zu erledigen hatte.

Vergöttert haben wir die Mädchen, geliebt, gefördert, mit ihnen gelacht. Ihnen aber auch gesagt, wenn sie sich nervig aufführten oder störten während eines Telefonats. Wir waren eine happy kleine Arbeitsgemeinschaft. Für mich war schnell völlig klar: Der Umgang mit kleinen Kindern ist ein Job, der Spaß machen kann, aber nicht muss – unabhängig davon, ob man dafür bezahlt wird oder nicht. Ja, dieser Job hat meinen

Blick auf Elternschaft und Kinderbetreuung nachhaltig beeinflusst.

Über zehn Jahre später, nach der Geburt meines zweiten Kindes wurde mir spätestens eine andere Sache schmerzhaft klar: Prinzipiell ist die Idee, dass man mit dem Kinderkriegen eher früher anfangen sollte, eine gute. Als Au-pair war ich so wach gewesen. Ich ging auf Partys, ich ging ins Fitnessstudio, ich kümmerte mich 8 Stunden am Tag um ein kleines Kind und seine große Schwester, und ich war so waaaaaaaaaach. Natürlich bekommen die meisten Menschen in unserer Gesellschaft ihre Kinder nicht mit zwanzig. Das hat viele gute Gründe, unter anderem Bildung, ein beginnendes Arbeitsleben. Dass Kinderkriegen heute nicht mehr die Hauptbeschäftigung nach der Schule ist, ist eine extrem gute Entwicklung. Was meinen Job einfacher machte als den der tatsächlichen Eltern: Nach Feierabend hatte ich nichts mit den Kindern zu tun. Manchmal kam ich erst morgens nach Hause und erfuhr, dass die ganze Nacht über gekotzt worden war. Die Eltern mussten zur Arbeit, ich hatte zwei kranke Kinder und einen Haufen Wäsche.

Trotzdem wurde von mir nicht eingefordert, dass ich sie unterhalte. Das sollten sie selbst hinkriegen, so lautete der Wunsch ihrer Eltern. Sie sollten basteln, spielen, auf dem Spielplatz rumhängen, sie durften fernsehen, aber ich, ich war als Au-pair nur dafür zuständig *to keep them fed, dry and safe.* Ich glaube, rückblickend habe ich wirklich viel mitgenommen aus dieser Zeit. Glaubt nicht, das würde bedeuten, ich hätte nie Sandburgen gebaut oder Grimassen geschnitten oder mitgespielt, natürlich habe ich das, aber ich wurde nicht dazu angehalten. Ich verbrachte einfach Zeit mit diesen Kindern. Wir machten dabei viele Sachen zusammen, die keine Kinderaktivitäten per se sind, wie beispielweise Putzen, Kochen und Einkaufen – aber auch die können unterhaltsam genug für ein Kleinkind sein. Fast hätte ich jetzt geschrieben, dass es vielleicht auch »einfache«, unkomplizierte Kinder waren, aber was soll das schon sein, ein »einfaches« Kind? Natürlich haben sie sich nicht von morgens bis abends selbst unterhalten, vor allen Dingen war das Kleinkind schon häufig traurig, wenn das Schulkind weg war, aber wir haben einfach den Tag zusammen gerockt, ohne dass ich ein minutiöses Programm aufstellen musste. Die Tage waren mal eintönig, dann wieder nicht. Alltag mit Kindern halt. Langeweile kam auf, und doch wurde es nicht langweilig. Eltern verstehen diesen Satz.

Ein paar Jahre später lebte ich in Berlin und hatte besagte Chefinnen mit kleinen Kindern. Eine davon hatte einen Ehemann, der Arzt war. Soweit ich mich erinnern kann, auch ein wichtiger, der häufiger Nachtschichten und Bereitschaft und solche Sachen hatte. Immer mal wieder sahen wir ihn, wie er das Kind zur Agentur brachte oder abholte. Dieses Bild brannte sich in mein Hirn: Es war vollkommen klar, dass meine Chefin nicht jeden Tag um 15 Uhr verschwand, sondern genauso oft mit uns bis 20 Uhr Präsentationen und Analysen erstellte, und manchmal war das Kind kurz dabei!

Meistens ging es ja nur um eine halbe Stunde, diese blöde halbe Stunde, die uns Eltern so oft fehlt: Kindergärten, die genau dann schließen, eine Tram, die genau dann ausfällt, ein Telefongespräch, das genau dann zu lange gedauert hat. Ein Ratschlag, den ich mal erhalten habe, lautet, sich einen Kindergarten in der Nähe der Arbeit zu suchen. Für mich persönlich viel zu viel Commitment, denn klar, an freien Tagen, an Tagen, an denen die Eltern krank sind oder auf Dienstreise, muss dann irgendwer dieses Kind zu einer Kita bringen, die sich unter Umständen in einem ganz anderen Stadtteil befindet.

Aber für manche ergibt es bestimmt Sinn. Für meine Chefin jedenfalls schon. So konnte sie an manchen Tagen das Kind aus der Kita um die Ecke abholen, es kam in unsere fancy Agentur, und eine halbe Stunde später kam der Chefarzt-Ehemann und holte es ab. In meinem Leben heute übernimmt an manchen Tagen die Betreuungsarbeit dieser ominösen halben Stunde mein sehr reales Dorf, also Oma.

Es mag ein kleiner Moment gewesen sein, an den sie sich

wahrscheinlich nicht einmal erinnert, aber für mich hat es im Alter von 25 Jahren einen Unterschied gemacht, dass meine Chefin ein Kind hatte, der Kindsvater (als Arzt!) das Kind genauso oft abholte (zumindest war das mein Eindruck), und sie dann auch noch erneut schwanger und schließlich Partnerin wurde. Ich bin mir sicher, dass es bei ihnen zu Hause auch geknallt hat, dass das, was nach außen so easy aussah, ein riesiger Aufriss war, aber *she made it happen.*

Romantisiert hat sie nichts davon, ganz im Gegenteil. Es wurde klar kommuniziert, wie anstrengend es war, ein Kind zu haben und zu arbeiten. Daher dachte ich junge Werkstudentin auch nicht »Oh, Kinder kriegen ist sooooo easy«. Nein, nein, nein, nein, nein. Auch nicht während der 14 Monate als Au-pair. Never. Was ich durch meine Agenturchefin gelernt habe: dass es nicht einfach ist; und was es braucht, es als Eltern hinzukriegen. Geld auch, klar, Ressourcen, finanzielle Mittel, Moneeeeey. Meine Chefin war privilegiert, aber nicht »Nanny-privilegiert«. Was sie hatte und was sehr hilfreich ist, und das mag jetzt manchem in den Ohren erst etwas wehtun: einen Partner*, der das alles, also das Thema Kinderbetreuung, ähnlich sieht und will. Nicht einen, der *hilft*, davon möchte ich bitte nichts mehr hören, sondern einen Partner, der die Herausforderung sieht und sie ganz genauso meistern will wie man selbst: mit ganz, ganz viel Zähne zusammenbeißen, einem abwischbaren Wochenplan und gesundem Pragmatismus. Im besten Fall in einem Land, in dem Kinderbetreuung priorisiert wird und in einer Gesellschaft, in der das Patriarchat der Vergangenheit angehört – davon können wir ja zumindest träumen.

Es gab noch andere Vorbilder für mich. Chefinnen, Kolleginnen, Nachbarinnen. Keinerlei Inspiration aus den sozialen Medien, denn auch wenn es zu diesem Zeitpunkt der Menschheitsgeschichte theoretisch schon Instagram gab, waren wir

* Ich konzentriere mich mal auf heteronormative Modelle, die haben ja immer die größten Probleme.

noch Reel-Jahre von Insta Moms entfernt. Nichtsdestotrotz saß ich kurz nach der Elternzeit vor und nach der Geburt meines ersten Kindes, in der ich zwar keine Doktor- aber eine Masterarbeit geschrieben habe, im Hauptstadtmutti-Büro in der Auguststraße und hatte mein Baby dabei. Weil ich weder einen Babysitter hatte, noch sonst eine Kinderbetreuung. Was es auch nicht gab: einen »echten« Job für mich, als Angestellte, irgendwo; also dachte ich mir: »Kannst ja ein bisschen schreiben, nebenher.«

Ich war müde, wütend und schrieb mir den Frust von der Seele – in den ersten Artikeln ging es um Bewerbungsgespräche und die Jobsuche als junge Mutter. Die Leserschaft freute sich, meine Perspektive wurde als »frisch« empfunden. Für meine Chefin und Hauptstadtmutti-Gründerin Isa Grütering allerdings war nichts daran fresh. Sie kannte dieses Gefühl, diese Not, und hatte einige Jahre zuvor genau aus ihr heraus Hauptstadtmutti gegründet: Elternzeit, keine Perspektive, keine Flexibilität im alten Job. Früher, als Mütter noch nicht bei Instagram posteten, verarbeitete man in längeren Texten seinen Frust. Der Mamablog war geboren und das Internet war voll von tagebuchähnlichen Einträgen über schlaflose Nächte, volle Windeln und hübsche Mützen. Deren Zielgruppe hätte ich sein sollen – und war es doch nicht. Nichts interessierte mich weniger als der Alltag anderer Eltern. Bis heute übrigens erschließt sich mir dieses »bei anderen Mäuschen Spielen« nicht wirklich, für mich ist das meiste davon unfassbar cringe – aber wenn es hilft, bitte schön.

Nur mit Hauptstadtmutti konnte ich mich zumindest so weit anfreunden, dass ich die Porträts las, weil mich die Frauen inspirierten. Ich guckte mir die Streetstyles an, so wie ich gerne durch Modemagazine blätterte. Und doch gab es für mich viel zu lernen: dass es in Deutschland sehr wohl mal ein ausgebautes Kita-Netzwerk gegeben hatte und dass es bis heute keine ostdeutschen Professor*innen oder Vorstände gibt. Mein Horizont erweiterte sich durch den Austausch mit ostdeutschen Frauen. Ich selbst war offensichtlicherweise westdeutsch sozialisiert. Unser Redaktionsteam bestand aus alleinerziehenden, verheirateten und kinderlosen Frauen. Es war alles dabei, nur kein Klischee.

Die typischen »Working Mom«-Texte, die uns in der Hauptstadtmutti-Redaktion erreichten oder die wir woanders lasen, thematisierten vor allen Dingen das vermeintliche schlechte Gewissen der sich nicht zu 100 Prozent ihrer Zeit ihren Kindern widmenden Mutter. Immer und wieder wurde daran verzweifelt und darüber gerätselt, wie man das schlechte Gewissen abstellen könnte. Es schien so, als bestünde das Internet nur noch aus zwei Lagern: »bösen Karrierefrauen«, die ihre 6 Monate alten Babys in der Kita unterbrachten, und »irren Langzeitstillenden«, die das Konzept »kitafrei« lebten. Ich fand mich nirgends wieder. Nach ein paar Wochen vorgetäuschten Interesses hörte ich auf, diese Blogs zu lesen. Sie hatten einfach nichts mit meinem Leben zu tun.

In diesem ging es folgendermaßen weiter. Ich hatte eine Festanstellung in einem Start-up gefunden und angetreten. Vollzeit. Zum Glück mit ordentlich Flexibilität, also lebte ich das, was als Berliner Großstadtklischee gesehen werden könnte. Ich gaukelte mir vor, dass alles voll machbar ist, solange ich das Kind regelmäßig mit auf eine Vernissage nehme und lächelnd auf Mutti-Brunches klatsche, wenn eine der Teilnehmerinnen das Wort »Feminismus« in den Mund nimmt.

Bis die Seifenblase platzte. Ein Burnout, eine Fehlgeburt, eine radikale Entscheidung später war klar: Wir ziehen zurück in die Heimat. Denn bei all den arbeitenden Müttern, die mich bis zur Geburt meines Kindes geprägt hatten, war natürlich eine das größte Vorbild, meine eigene. Was hatte ich von ihr gelernt? Vor allem, dass Partnerschaft und Kinderbetreuung ein Gemeinschaftsprojekt waren.

Sie waren auch ein Schlüsselkind, sagen mir Frauen gerne, wenn sie mir auf Events klarmachen wollen, dass sie ähnlich aufgewachsen sind wie ich. Die meisten von ihnen hatten alleinerziehende Mütter oder sind in der Großstadt aufgewachsen, viele auch einfach in Ostdeutschland. Meine Replik:

»Yeah well, ich bin aber in Dorfhausen aufgewachsen, umgeben von ostwestfälischen Stepford Wives, die ›Grüß Mutti‹ unironisch als Verabschiedung raushauen. Mutti war aber leider arbeiten und bis sie wieder zu Hause war, hatte ich vergessen, dass ich sie grüßen sollte.«

Als ich in den 90ern aufgewachsen bin, kann ich mich kaum an Mütter erinnern, die arbeiten gegangen sind. Außer natürlich meine eigene. Und meine Großmutter. Und meine Tanten. Und die Freundinnen meiner Mutter. Wenn ich von »arbeiten gehen« spreche, meine ich nicht in Teilzeit in einem kuscheligen Büro, sondern, gleich beschwert sich wieder die Klischee-Kontrolle, auch putzen zu gehen.

Für mich als Kind bedeutete die Tatsache, dass meine Mutter arbeitete, auch, immer mal wieder mitzumüssen, wenn meine Mutter das Pflegedienstauto noch abgeben musste, noch eine Tour fahren musste, noch schnell wohin musste. So lernte ich, dass der Schlaf von Müttern heilig war, vor allen Dingen, wenn sie in der Nachtschicht gearbeitet hatten. Ich war also Fernsehkind, Mikrowellenkind, Omakind, Schlüsselkind.

Was ich nicht war: nur das Kind einer Mutter. Meine Identität war maßgeblich davon beeinflusst, auch das Kind meines Vaters zu sein. Ich war eine Enkeltochter, bis Mitte 20 auch eine Urenkeltochter, und ich war eine Nichte, eine Cousine. Es gab keinen binären Richtungspfeil mit zwei Enden zwischen mir und meiner Mutter, es gab einen sich drehenden Glücksradpfeil, immer in Bewegung. Ob und inwiefern die Hauptverantwortung für mich als Kind natürlich dennoch bei meiner Mutter lag, kann ich aus meiner Perspektive nicht beurteilen, natürlich lag damals und liegt auch heute bei uns der Großteil des Mental Load bei ihr. Doch ich als Kind nahm mich als Teil einer Familie wahr, nicht als Hauptbeschäftigung meiner Mutter.

Während meine Mutter also von Montag bis Sonntag (Pflege hat kein Wochenende) arbeitete, saß mein Vater 9-to-5 in seinem Büro und war spätestens Freitagnachmittag im Feierabend. Die Vorstellung, dass er sich dann aufs Sofa gelegt hätte, um den SPIEGEL zu lesen, und die Füße hochgehoben hätte, während um ihn herum gesaugt wurde, treibt mir die Tränen in die Augen, vor Lachen. Mein Vater saugte, wischte, staubwischte, brachte an, brachte runter, brachte raus, schmiss weg, reparierte, wärmte auf, deckte Tische, spülte ab, räucherte Lachs, schälte Kartoffeln, machte Hackfleisch, schnitt Kinderfingernägel, rührte um, taute auf, fror ein. Das ist eine extrem unvollständige Liste.

Diese Aufzählung ist mir wichtig, weil sie erklärt, wie ich geprägt bin. Die (meist westdeutschen) Menschen (ohne Migrationserfahrung), die ich treffe, die ihre Väter noch nie beim Staubsaugen oder Kochen erleben durften, sind zahlreich. Frauen berichten mir von Ehemännern, die simpelste Haushaltsdinge nicht hinkriegen, weil es ihnen nie jemand gezeigt oder vorgelebt hat. Ist natürlich eine offensichtliche Ausrede, so etwas kann man sich selbst aneignen.

Wenn Kinder in der Schule krank wurden und abgeholt werden mussten, kam nicht immer Mutti, sondern oft genug der »Vatti«, weil guess what, du kannst eine Wachkomastation oder eine Tour im ambulanten Pflegedienst nicht so gut verlassen wie ein Büro. Du kannst das Fax auch in 20 Minuten noch schicken, der Einlauf muss *jetzt* gelegt werden.

Wer sagt eigentlich, dass man das alles allein hinkriegen muss? Wer hat das jemals gesagt? Wer hat sich hingesetzt und festgelegt: So, die Mutti, die kümmert sich um die Kinder und Essen und Haushalt. Also, bei aller Liebe, werte deutsche Eltern ohne Migrationshintergrund, das müssen eure Leute gewesen sein, ich habe das nie zu hören bekommen. Und deshalb haben mich journalistische Artikel oder Blogbeiträge über gleichberechtigte Elternschaft auch nicht angesprochen: weil Menschen, die es sich nicht leisten können, dass einer zu Hause bleibt, sich die Frage nach Gleichberechtigung gar nicht erst stellen. Die *müssen* gleichberechtigt erziehen. Was glaubt ihr eigentlich, wo die Kinder von den Krankenschwestern sind, wenn ihr nachts zur Notaufnahme müsst? Oder die der Altenpflegerin? Oder die der Flugbegleiterinnen? Der Kassiererinnen im Supermarkt, der bis 23 Uhr aufhat?

Es ist ein gemeinsames Projekt, nicht nur, weil es finanziell nicht anders geht, sondern auch, weil natürlich beide ein Recht darauf haben, arbeiten zu gehen, Geld zu verdienen, vorzusorgen und, ugh, furchtbarer Begriff, »rauszukommen«. Ich glaube, dass es da draußen noch viel mehr Mütter gibt, die so aufgewachsen sind wie ich, geprägt wurden wie ich, von Vätern, die ganz klar Verantwortung übernommen haben, mit Wochenenden bei den Großeltern, mit Hausaufgaben auf dem Rücksitz und mit Chefinnen, die Kinder hatten. Vielleicht haben diese Mütter einfach keine Zeit oder keinen Bock, darüber zu schreiben, versteh ich, aber vielleicht finden sie sich genauso wenig wieder in den Texten über angeblich moderne Mutterschaft wie ich.

Das Mutter-, das Elternsein, das ganze Familiending kann und sollte nicht von einer Person allein zusammengehalten werden. Es ist einfach Mathe, und so schlecht wie ich in diesem Fach war, habe selbst ich verstehen können, dass die Gleichung »1 Mutter für 1 Kind, für 1 Haushalt, für 1+ pflegebedürftige Angehörige, für 1 Erwerbsarbeit, für 1 Beziehung, für 1 Leben« nicht aufgeht.

Wenn man Geld hat, kann man Betreuungspersonen engagieren, wenn man Glück hat, wie ich, kriegt man das umsonst durch die eigene Familie. Aber was ist, wenn es das beides nicht gibt? Was dann? Scheiße ist es dann. Dieses Land kriegt es nicht hin, also müssen wir. Wir müssen um Hilfe bitten, uns vernetzen, uns helfen, uns eingestehen, dass nichts davon allein geht.

Als ich das erkannt hatte, war ich sofort bereit, die Großstadt zu verlassen; weil es dort nicht funktioniert hat, kleine Kinder mit zwei Vollzeitjobs zu erziehen. Weil es nicht nur meine Kinder sind. Auch meine Kinder sind Nichten und Neffen, sie sind Enkelkinder und sie sind Urenkelkinder. Sie haben ein familiäres Netzwerk, unser großes Glück, das nicht jeder hat, klar, aber vor allen Dingen ist es nicht mein Job, sie allein zu unterhalten, das hab' ich irgendwo mal gehört.

»Schrieben meine Freunde in der Schule eine Zwei, wurden sie zu Hause gelobt. Mir aber schlug Enttäuschung entgegen: Meine Eltern fanden, ich hätte mir nicht genug Mühe gegeben. Wenn ich mich verteidigte, entgegneten sie: »Du bist nicht wie die Deutschen, also vergleich dich nicht mit ihnen! Du musst doppelt so gut sein wie sie!«

Khuê Phạm,
Deine hellblaue Heimat[6]

»Dieser Gedankengang ist nicht nur realitätsfern, er ist auch vor allem jenen vorbehalten, die Teil dieser akademischen Debatte sind. Allein die Komplexität des Ganzen zu verstehen, setzt immense Kenntnis von rassismuskritischem Wissen voraus, lebhafte Anteilnahme an solchen Debatten, besonders im Internet und vor allem die Kapazität, all dieses Wissen in das eigene Umfeld zu schießen.«

Yasmine M'Barek,
Radikale Kompromisse[7]

FLEISS

»Alle Deutschen haben immer angemerkt, wie sauber es doch bei uns ist.«

Anonyma

Ich liebe Realityshows, und zwar schon immer. Eine der ersten nicht-amerikanischen, die nicht auf MTV lief und die ich gerne guckte, war *Frauentausch*. Seitdem ich auf Lesereisen wirklich oft in Hotels übernachte, komme ich wieder in den Genuss linearen Fernsehens. Als dann nach einer meiner ersten Lesungen auch noch durch Zufall die Sendung meiner Teenagerjahre lief, freute ich mich umso mehr. Doch 20 Jahre später sah ich *Frauentausch* mit anderen Augen.

Für die, die *Frauentausch* gar nicht kennen und euch, die ihr als Buchkaufende natürlich aus Prinzip erst einmal in die Gruppe der Anti-Privatfernsehen-Bildungsbürger gehört: Es handelt sich dabei um ein Realityformat, in dem, wie wir inzwischen durch andere Sendungen wissen, zwar nicht mit einem Drehbuch gearbeitet wird, durch die Produktion aber gewisse Reaktionen zumindest angeleitet, wenn nicht sogar bewusst forciert werden.

Das Ganze läuft so ab: Zwei Haushalte tauschen eine Woche lang ihre Frauen. Ja, ist genau so, wie es sich anhört. Die Mütter verlassen ihr gewohntes Umfeld, um in einem anderen Haushalt die Mutter zu sein. Dabei waren die Rollen in den meisten Fällen extrem klar verteilt und zwar in »Gut« und »Böse«. Pechmarie und Goldmarie würde auch gehen. Die Faule und die Fleißige. Man könnte Gut und Böse auch durch »kompetent« und »inkompetent« ersetzen. Die eine Mutter schien einfach alles hinzukriegen, die andere nicht.

Die vermeintlich Gute lebte in einem Haus oder einer geräumigen Wohnung, alles war extrem sauber, »schön dekoriert« (mit Leuchttürmen im blau gefliesten Bad und Prints von Sonnenuntergängen), und die Kinder hatten mal skandinavische, mal englische Vornamen. Da war man nicht so streng. Die Gute durfte auch mal mehrgewichtig sein, das wurde dann aber kompensiert durch die extreme Sauberkeit oder dadurch, dass sie wirklich sehr fleißig war und engagiert in ihrem Ehrenamt. Die Gute hatte für ihre Familie feste Essenszeiten etabliert, Saubermachzeiten ebenso, hatte Einkaufstage, alles war durchgeplant und fest strukturiert. Der Mann der Guten war auch immer an Bord, vor allen Dingen war er großer Fan davon, dass sie einer Erwerbstätigkeit nachgeht (Männer, die wollten, dass ihre Frau zu Hause blieb, gehörten zu den Bösen und waren durch diese Einstellung selber böse). Das ging auch insofern auf, als der Mann der Guten vergleichsweise sehr involviert war, was die Kinderbetreuung anging. Manche Gatten haben sogar geputzt und gekocht, aber auf jeden Fall Holz gehackt oder Sport gemacht. Das kann ab und an auch leicht anders gewesen sein, da kann mich meine Erinnerung trügen.

Man muss dazu sagen, dass nicht immer auf den ersten Blick klar ersichtlich war, welche der Frauen denn nun die Gute und welche die Böse war. Manchmal gab es am Ende einen Twist! Mehrgewichtigkeit konnte mal Indikator des Guten, mal des Bösen sein. Bunte Strähnen, gefärbte Haare, gerne rot-lila, oder Christina-Aigulera-Style (unten schwarz oben blond) waren auch bei beiden vorhanden, schließlich waren das immer noch die 2000er.

Make-up war ebenfalls kein klares Indiz. Mal wurde die Böse dafür gerügt, dass sie sich nicht schminken würde, dass sie auch das nicht schaffte, obwohl es doch mal schön wäre, für den Mann. Und mal war die Gute eine Blonde, natürliche, schlanke, sportliche Person, die Schminken ganz doof fand, dann wurde für die Rolle der Bösen natürlich eine grell geschminkte Person mit Gesichtspiercing gecastet.

Wo man sich sicher sein konnte: Fehlte ein Zahn, war es die Böse. Ohne Diskussion. Denn Zahnhygiene war das oberste

Gebot. Die Erkennungsmerkmale der *Frauentausch*-Todsünden: Faulheit, Zigaretten, schlechte Ernährung, TK-Kost.

Die Böse sollte, egal wie, das vermeintlich »Asoziale« repräsentieren. Und damit so hässlich wie möglich gezeichnet sein. Selten ging es um das Verständnis von Müttern füreinander. Auch wurde natürlich nicht erklärt, wieso sich die eine Familie ein Eigenheim leisten konnte und die andere nicht, außer durch harte Arbeit und Fleiß. Das Hässliche zeigte sich in der Unordnung der Wohnungen, aber auch im äußerlichen Erscheinungsbild der »Assi«-Mutter. Die Zuschauer sollten über sie nicht nur die Nase rümpfen, sondern sich so richtig ekeln.

eine fette person
ist eine ganz bestimmte sorte
eine faule
eine unmotivierte
eine hässlich-aussehende

das ist das erste
woran wir denken
und all diese eigenschaften
so wurde uns immer eingeredet
seien nicht erstrebenswert

Hatice Açıkgöz[8]

Der Haushalt der Bösen musste dreckig sein. Es konnte echter Dreck, Schimmel sein. Gern genommen auch Fäkalienreste in Toiletten, oder einfach nur Staub. Unordnung, Fertigessen, fehlerhafte Rechtschreibung, man sah das alles durch die Brille der Guten, die bei der »Erstbesichtigung« des anderen Haushalts schon etwas finden würde. Diese Erstbesichtigung fand vor dem Eintreffen der Tauschfamilie statt. Die Mütter durften allein durch das Zuhause der anderen gehen und alles kommentieren. Wohlgemerkt waren das in beiden Fällen die privaten Wohnräume von echten Familien. Die Gute hob angewidert Dinge hoch, hielt sich zuweilen die Nase zu, weil etwas vermeintlich stank, manchmal weinte sie auch, weil sie es sich nicht vorstellen konnte, in so widerlichen Umständen eine Woche lang zu leben.

Die Böse, Faule, Dreckige allerdings reagierte bei der Erstbesichtigung anders, nämlich, auf Englisch würde ich sagen: *in awe,* mit Respekt. Es ist mehr als möglich, dass es für sie das erste Mal in einem Eigenheim war, in dem die Möbel neu waren, in dem nicht geraucht wurde, in dem der Kühlschrank funktionierte und die Wäscheberge unter Kontrolle waren. Für sie kann es das erste Mal gewesen sein, dass sie in einem Zuhause von Menschen war, die nicht an oder unter der Armutsgrenze gelebt haben.[9] Den Pariser Marktfrauen muss es beim Brotmarsch 1789 in Versailles ähnlich ergangen sein; das Bett von Marie Antoinette mit Speeren zu durchbohren, dafür gab es sicherlich Gründe.[10]

Man merkt, wenn man sich so eine Folge anguckt, dass hier Menschen in Lebensrealitäten von anderen eintreten, mit denen sie sonst nie etwas zu tun haben, auch wenn statistisch betrachtet Freundschaften zwischen Arm und Reich natürlich sehr wohl existieren.

> »Für die Jacobs-Studie 2014 hat das Allensbach-Institut 1624 Menschen verschiedenen Alters über ihre Freundschaften befragt. 44 Prozent gaben an, Freunde zu haben, die deutlich wohlhabender seien als sie selbst. Und 41 Prozent sind mit Menschen befreundet, denen es finanziell deutlich schlechter geht.«[11]

In der *Frauentausch*-Realität schien das zumindest nicht so verbreitet zu sein. Als Publikum reagierten wir folgsam auf die Narrative der Produktion: Wir ekelten uns vor der offengelegten Hässlichkeit. Aber vor allem vor der Faulheit. Denn ob es jetzt eine mehrgewichtige Böse oder eine ungeschminkte Gute war – es war der Fleiß, der einen zur Guten werden ließ. Frau Holle lässt grüßen.

Wie viel besser lässt sich Faulheit im deutschen Fernsehen

zeigen als durch Arbeitslosigkeit? So waren bei *Frauentausch* am besten gleich beide Eltern ohne Erwerbstätigkeit. Und es schadete natürlich nicht, wenn sie zudem kettenrauchten und das erste Dosenbier am frühen Nachmittag öffneten. Der Fantasie waren keine Grenzen gesetzt! Die Stereotype der Armut wurden mit Wonne bedient, das Klischee der Tellerwäschermär mit viel Elan am Leben erhalten. Das Amt, die Stütze, Hartz IV, sie spielen eine bedeutende Nebenrolle in diesem Format.

Wer also wirklich noch nie *Frauentausch* geguckt hat: Der Tausch ist echt. Die Tauschmütter müssen mit genau dem Budget haushalten, welches der anderen Mutter auch wirklich zur Verfügung steht. Das führte dann oftmals zu sehr ernüchternden Szenen im Discounter. Für die in ihrem eigenen Leben bessergestellte Tauschmutter, wohlgemerkt. Ein Wocheneinkauf für 5 Personen für 50 Euro? Das war's dann mit Kaviar, klar, aber auch mit Bio, mit Extras, mit frischem Fleisch. Und die anderen Tauschmütter? Manche von ihnen gingen zum ersten Mal seit Langem in ein Restaurant.

Was mir das zeigte, als Migra-Jugendliche, die diese Sendung bisweilen auch mit ihren Migra-Eltern schaute? Nun, es katapultierte unseren extrem sauberen Haushalt mit zwei extrem hart arbeitenden Eltern auf die Seite der Guten, das war also beruhigend. Als Russlanddeutsche hatten wir es mal wieder in die Gruppe der guten Ausländer geschafft. Weil wir alles hinkriegten und funktionierten. Haken dahinter setzen, Eins mit Sternchen.

> »Ich weigerte mich, als Vorzeige-Ausländerin herumgereicht zu werden nach dem Motto: Seht ihr, wer will, der kann.«
>
> Jagoda Marinić[12]

Interessanterweise kann ich mich nicht explizit an Migra-Eltern bei Frauentausch erinnern, bis ich eben im Hotel mal wieder in den Genuss linearen Fernsehens kam und ein

Paar kennenlernen durfte, das vor Jahren aus Kroatien nach Deutschland gezogen war. Sie war Kosmetikerin mit eigenem Studio und er selbstständiger Malermeister. Gelungene Integrationsbeispiele! Auf ihren Fleiß wird in der Sendung mehrfach explizit hingewiesen. Die beiden Migras haben erwachsene Kinder, die auch nicht mehr zu Hause zu leben scheinen. Die böse deutsche Tauschmutti allerdings muss alles allein machen daheim, denn ihr Partner zockt gerne. Zusammen haben die nicht migrantischen Eltern vier Kinder, beide gehen keiner Erwerbsarbeit nach, sie versucht, ihre Wohnung halbwegs sauber zu halten, scheitert jedoch grandios. Die nächste Sequenz zeigt dann den kroatischen Tauschpapa, wie er kocht. Jeden Abend tut er das, und zwar, wie wir schon gelernt haben, natürlich frisch.

Auch in diesem Fall ist die Anzahl der Kinder ein Marker für das vermeintlich »Asoziale«. Zudem ist die deutsche Tauschmutti fett, läuft in Schlafanzügen rum, so scheint es, und macht sich nichts aus Kosmetik. Sie zeigt das Shampoo, das sich die gesamte Familie teilt. Hier also ganz klar die Botschaft: lieber fleißige, *weiße* Ausländer als faule Deutsche. Dass die Kroaten auch noch so früh aufstehen, während die Deutschen noch Heia machen, freut den Schnittmeister. Der kroatische Tauschpapa erklärt: »Arbeit ist vielleicht das Wichtigste für uns«, und seine Frau ergänzt: »Das bisschen, was ich habe, habe ich mir hart erarbeitet.«

»Harte Arbeit zahlt sich aus«, ist hier die unmissverständliche Botschaft, Ähnliches stand bekanntlich schon auf den Toren der nationalsozialistischen Konzentrationslager. Der Slogan ist also allgemein bekannt, zusätzlich könnte man erwähnen, dass Heinrich Himmler als Meilensteine zur Freiheit die Folgenden benannt hat: »Gehorsam, Fleiß, Ehrlichkeit, Ordnung, Sauberkeit, Nüchternheit, Wahrhaftigkeit, Opfersinn und Liebe zum Vaterland!«[13]

Sollte mich das nicht glücklich machen, dass Migras in *Frauentausch* in einem vergleichsweise »positiven« Licht dargestellt werden? Nein, natürlich nicht. Die Kurkliniken sind voll mit überarbeiteten Müttern, im Burnout oder kurz davor. Ich kenne keinen Mann aus der ehemaligen Sowjetunion, der nicht mehrere Knie-OPs oder Bandscheibenvorfälle hinter sich hat. Ein paar Mal im Jahr erfahren wir von Männern, die sich aufgehängt haben, vor den Baum gefahren sind: der Schuldenberg, vielleicht ein bisschen Alkoholismus, alles zu viel. Die Einteilung in gute und schlechte Ausländer, in fleißige und faule – in die, die wir haben wollen, und die, die wir zurückschicken wollen –, ist brandgefährlich. Die Wahllosigkeit variiert natürlich auch in absurder Regelmäßigkeit. Mal sind Russlanddeutsche die fleißigen Häuslebauer, dann wieder die AfD-Lieblinge, die ihre Xenophobie und ihren Rassismus frei ausleben, aus Liebe zur neuen alten Heimat. Aber wählen Russlanddeutsche die AfD wirklich häufiger als die Deutschen? Nein.

> »Auch eine kürzlich erschienene und repräsentative Studie der Universitäten Duisburg-Essen und Köln rückt das Bild von der politischen Einstellung der Russlanddeutschen langsam wieder gerade. Sie untersuchte das Wahlverhalten von Migranten in Deutschland bei der Bundestagswahl im Herbst 2017 und widerspricht dem zuvor medial verbreiteten Bild über Russlanddeutsche als AfD-Anhänger. Laut Studie sind die beliebtesten Parteien bei den Russlanddeutschen mit 27 Prozent noch immer CDU und CSU. Gefolgt von der Linkspartei mit 21 Prozent und der AfD mit nur 15 Prozent an dritter Stelle.«[14]

Insgesamt erhielt die AfD 2017 12,6 Prozent, doch bei Männern 15 Prozent ihrer Stimmen.[15] Und, vielleicht noch wichtiger, bei Menschen mit einfacher Bildung 14 Prozent und bei Menschen mit schlechter wirtschaftlicher Situation 22 Prozent. Faktoren die auch bei Menschen mit Migrationshintergrund eine große Rolle spielen.

»Wir haben nicht genug für alle«, wird von allen Seiten wie ein Mantra wiederholt. Dabei geht es Konzernen jedes Jahr besser – egal ob Pandemie oder nicht. Doch das stellt niemand infrage. Wir sollen uns untereinander vergleichen, neiden, fertigmachen, argwöhnisch sein.

Wir landen mental in einer Art indirekten *Hunger Games* für alle Migras. Immer wieder überrascht es mich, wie viel wir gemeinsam haben, und wie wenig wir uns verbünden, gemeinsam gegen ein System aufbegehren, dass uns alle benachteiligt. Die zwei pragmatischsten Gründe, die mir für diese Trägheit einfallen, sind Müdigkeit und große Familien. Wir sind todmüde von der Erwerbs- und der Carearbeit. Und dann doch auf jeder Hochzeit, jedem Geburtstag am Start. Oder wenn jemand Hilfe braucht, auch finanziell. Manche meiner Freundinnen zahlen die Mieten ihrer Eltern, andere leben noch mit ihnen zusammen oder sind mindestens ein paar Mal im Monat vor Ort, um zu gucken, dass alles läuft. Obwohl sie in teils weit entfernten Städten leben.

Und wie sollen wir auch etwa auf der Arbeit Verbündete im Kampf für eine gerechtere Gesellschaft finden? Denn: Wenn Unternehmen einen Quotenmigranten eingestellt haben, hören sie meist auf, noch einen weiteren zu suchen. Wenn es dann noch eine migrantische Frau ist, boom, direkt doppelt gepunktet auf der Diversity-Bingo-Karte. Wobei Frauen ja auch wieder schwierig sind, die heiraten und kriegen Kinder, bei den Migras früher und gerne mehr als ein Kind. Wenn ich in meinem Büro, in der Klasse meines Kindes und in meiner Nachbarschaft mitunter die einzige migrantische Person bin, wo kann ich dann andere Migras kennenlernen? Ich muss sie suchen.

> »Es war mit einem Schlag klar, dass alle sogenannten Minderheiten sich einander näher fühlten, weil sie sich immer als ›das Andere‹ dieser Gesellschaft erlebten.«
>
> Jagoda Marinić[16]

Gefährlich ist ebenfalls, dass wir an einem Schulsystem festhalten, das uns einteilt, unsere Lebensbahnen vorherbestimmt. Grundschullehrkräfte bestimmen, was mit deinem Leben passiert, und verurteilen dich dafür, wenn deine Eltern dich Mandy, Olga oder Pascal genannt haben. Mohamed, Ali, Nurcan? Bitte. Die Voreingenommenheit gegenüber bestimmten Vornamen von Kindern wird durch Serien wie *Frauentausch* definitiv noch gefördert.[17]

Es ist zu einer eigenen Unterhaltungssparte geworden, am Elend von anderen teilzuhaben und ihnen Schuld zu geben für ihre Situation. Armut ist aber wesentlich komplexer und keine Folge davon, nicht früh aufzustehen und »hart zu arbeiten«.[18]

Nun war aber genau eines nicht vorhersehbar bei *Frauentausch*: das Ende. Die Familien sollten voneinander lernen, und ich glaube wirklich, dass sich nicht einmal die gewieftesten Produktionsprofis in der ersten Staffel erträumen konnten, wie emotional es manchmal werden würde. Im besten Fall sollte es knallen. Gerne auch schon zur Mitte der Tauschwoche, dann gab es ja auch einen Videogruß an die Familien in der Heimat, der durfte gerne verzweifelt sein. Dann aber sollte entweder die totale Eskalation eintreten oder der absolute Wendepunkt. Das konnte bedeuten, dass der vermeintlich »asoziale« Papa endlich einsieht, zum Rauchen nach draußen zu gehen, mit seinen Kindern den Spielplatz zu besuchen, den Fernseher auszuschalten oder frisch zu kochen. Die Tugenden deutscher Elternschaft.

Es gibt dieses Szenario: Der Partner der faulen Bösen bricht weinend zusammen und möchte, dass sich sein Familienleben von Grund auf ändert, weil er durch die Gute gelernt hat, wie Familie sein sollte. Bei dem Wiedersehen mit allen vier Erwachsenen auf der Hälfte der Strecke zwischen den zwei Wohnorten, an dem die Frauen wieder zurückgetauscht werden, reagiert die Frau dann entweder voll einverstanden oder halt nicht.

Es gibt aber – seltener – auch dieses Szenario: Der Partner der fleißigen Guten bricht weinend zusammen und möchte, dass sich sein Familienleben von Grund auf ändert, weil er durch die Böse gelernt hat, wie Familie sein sollte. In diesem Fall: mehr spielen mit den Kindern, mehr Spaß, mehr Lachen, überhaupt, Lebensfreude (auch arme und faule Menschen dürfen Spaß haben!). Der ultimative Trumpf ist nämlich die Liebe. Die elterliche Liebe zu den Kindern. Da kann die gute Tauschmutter noch so diszipliniert und organisiert und fleißig sein. Wenn sie keine gute Mutter ist, sprich, nicht liebevoll und zärtlich im Umgang mit ihren Kindern, dann bricht ihr restliches perfektes Familienkartenhaus zusammen. Die Mutti muss lieb sein! Der Vatti sollte das nach Möglichkeit auch hinkriegen, aber die Mutti muss, muss, muss lieben können. Wir wollen schließlich keine Johanna-Haarer-Neuauflage (siehe Kapitel »Erziehung«).

Die Erwartung an gute Eltern ist also im Grunde Perfektion. Sie müssen arbeiten gehen, finanziell verantwortlich und gut aufgestellt sein, jeden Tag frisch kochen, ein gepflegtes Erscheinungsbild haben, nach Möglichkeit nicht mehrgewichtig sein, involviert ins dörfliche oder kleinstädtische Ehrenamt und richtig liebevolle, präsente, verständnisvolle Ruhepole für ihre Kinder. Das klingt unmöglich? Das klingt nach Instagram. Dazu gleich mehr.

Beim Wiedersehen der vier Erwachsenen fetzen sich natürlich alle, niemand versteht die andere Partei. Alle sind fest davon überzeugt, dass ihr Weg der richtige Weg ist. Unverständnis ist hier von den Machern von *Frauentausch* insbesondere gegenüber der faulen Person dramaturgisch sehr erwünscht. Dass sie auch noch glücklich ist mit ihrem Lebensstil, nein, das kann ja nicht sein, sie muss geläutert werden!

Wenn ich heute *Frauentausch* gucke, als Mutter, bin ich entsetzt. Ich sehe vor allen Dingen kleine verwirrte Kinder, die natürlich überhaupt nicht verstehen können, warum eine fremde Frau bei ihnen zu Hause ist. Warum ein Kamerateam dabei ist. Angsterfüllt gucken sie während einiger Szenen in die Kamera. Manche Folgen waren hart an der Grenze zu missbräuchlichem Verhalten. Das Format »Ausstellen von armen Menschen im TV« im Sinne von Reality-Fernsehen oder auch Doku-Serien wurde nach *Frauentausch* dennoch gnadenlos weiterverfolgt. »Sozialreportagen« wie *Hartz und herzlich*, *Armes Deutschland – stempeln oder abrackern* oder *Hartes Pflaster: Sozialer Brennpunkt Offenbach* sind nach wie vor erfolgreich.

Aus heutiger Sicht sehe ich also vor allen Dingen, dass hier verschiedene finanzielle Hintergründe gegeneinander ausgespielt werden, wir würden also von Klassismus sprechen. Klar, wir wissen inzwischen alle, dass es diese Sendungen gibt,[19] damit Menschen, denen es besser geht, sich noch besser fühlen. Es geht um Erniedrigung als Spektakel, insofern das Kolosseum, aber mit zuckerhaltigen Frühstücksaufstrichen.

Wäre es interessanter, wenn man *Frauentausch* mit ähnlich situierten Frauen gedreht hätte? Um dann wirklich darauf zu achten, ob die Familien andere Grundsätze haben, anders erziehen? Auf Bourdieus ganz feine Unterschiede? Vielleicht. Schließlich lieben wir es, bei anderen zu Hause Mäuschen zu spielen. Homestorys auf Blogs, Interiorkanäle auf Instagram, nicht einmal *Shopping Queen* oder *Das perfekte Dinner* kommen ohne die Bewertung des Wohnraums aus. Doch nicht nur der Wohnraum wird bewertet.

Auch wenn die Väter sich bei Frauentausch ab und an etwas anhören dürfen, so sind es übrigens doch immer die Mütter, die gnadenlos gegeneinander aufgehetzt werden. Mit absoluter Überzeugung des Produzententeams und dann auch der Zuschauer*innen, dass es eine richtig macht und eine völlig falsch.

I couldn't help but wonder, did Frauentausch *walk, so Insta Moms could run?*

Die Zurschaustellung von Mutterschaft. Die Präsentation von Erziehung und Ernährung. Die mediale Selbstdarstellung, um einer gesellschaftlichen Erwartungshaltung zu entsprechen oder entgegenzuwirken. Was ist es am Ende? Helfen uns Mütter im Internet, Mutterschaft wohlwollender und verständnisvoller zu betrachten? Haben wir gelernt, Erschöpfung ernst zu nehmen? Strukturelle Diskriminierung und Armut als solche zu erkennen und zu benennen? Haben wir nur unser Vokabular um die Begriffe Carearbeit und Mental Load erweitert oder auch unseren Horizont, was Mutterschaft für andere bedeutet? Zoomen wir in Bilder rein, um zu erkennen, ob es aufgeräumt ist? Zählen wir mit, wie oft es bei der Lieblingsinfluencerin TK-Pizza gibt?

Oder sind wir einfach nur vom Hatewatchen zum Hatescrolling gewechselt, Second Screening ist ja die moderne Art und Weise, Fernsehen zu konsumieren.

Statt Verständnis füreinander hagelte es Verurteilungen. Statt Armut zu verstehen, missliche Lagen, strukturelle Diskriminierung und auch, dass Wohlstand über Generationen aufgebaut wird, dass Erben eine große Rolle spielt sowie Besitz, gucken wir uns die an, die uns als »nicht fleißig genug« verkauft werden. Und wir sehen sie als faule Säcke, als wertlos.

» ›Gab es irgendwelche Hausschuh-Regeln, mit denen du aufgewachsen bist?‹ – ›Wir wurden mit Hausschuhen abgeworfen, haha.‹ «

Naima Omari

» Die ›Hoffnung‹ der gesamten Familie lag auf mir. Dass ich es zu etwas bringe, denn ich bin hier seit der 1. Klasse und mir stehen alle Türen offen. Als die erste Uniabsage kam, bin ich im Krankenhaus gelandet, weil ich in Ohnmacht fiel (nach Alkohol und Shisha-Cafe und die ganze Nacht unterwegs sein, um die Absage zu verdrängen.) Dann Humboldt-Uni. Irgendwie ging's, aber ich hätte mir gewünscht jemanden Fragen zu können, wie das alles abläuft. Jemand, der mich an die Hand nimmt – sowas in der Art. Ich hatte niemanden in der Familie. «

Anonyma

KUSENGS

> »Weißt du, wie es ist, jeden Tag von der einen Welt in die andere überzuwechseln? Weißt du, wie allein ich mich in beiden Welten gefühlt habe?«
>
> **Selma Wels,**
> **anders bleiben**[20]

Ich wuchs mit einem Geschwisterkind auf, damit entsprach ich gefühlt dem Durchschnitt in meinem schulischen Umfeld in den 90ern, privat war ich allerdings Familien mit mehr als zwei Kindern gewohnt. Als Russlandmennonitin hatte man fromme bzw. gläubige Familien in seinem Bekanntenkreis, bei denen fünf Kinder Standard waren. Einen großen Unterschied sah ich nicht, außer, dass es vielleicht etwas lauter war.

> »Familien mit Migrationshintergrund haben häufiger drei und mehr Kinder. Der Anteil der Mehrkindfamilien liegt bei Familien mit Migrationshintergrund bei 15 Prozent, bei Familien ohne Migrationshintergrund sind es 9 Prozent. Familien mit zwei Kindern sind in Familien mit und ohne Migrationshintergrund fast gleich verbreitet (37 bzw. 36 Prozent). Der Anteil der Familien mit nur einem Kind ist bei Familien ohne Migrationshintergrund etwas höher als bei Familien mit Migrationshintergrund.«[21]

Zudem sind die Kreise, welche die Familie zieht, bei Migras häufig besonders weit. Ich war zum Beispiel auf einem 18. Geburtstag einer jungen Frau, mit der ich zwar verwandt bin, aber fragt mich nicht wie. Ihre Mutter und meine Mutter sind Cousinen? Oder unsere Großmütter? Wer weiß das schon. Ich kenne sie zumindest, seitdem sie ein Baby war, und zu jedem

Zeitpunkt habe ich sie und ihre drei Schwestern einfach geliebt, man sieht sich vielleicht nur ein bis zwei Mal im Jahr, aber man ist Familie.

Nun, auf diesem 18. Geburtstag waren nicht nur ihre Freunde und Freundinnen, sondern auch wir, Menschen, die sie ihr gesamtes Leben begleitet haben. Verwandte, Großeltern, überall liefen Kinder rum. Auch hier war es laut, aber angenehm laut. Die Sonne schien, ein plötzlicher Platzregen machte alle nass, und ich dachte mir, huh, so war meine Kindheit. Gefühlt jedes Wochenende war Besuch da oder wir waren irgendwo zu Besuch. Geburtstage, Hochzeiten, Beerdigungen, alles wurde gefeiert. Auch Geburtstage von Verstorbenen. Und die Hochzeitstage! Und das hatten meine Kinder gerade zwei Jahre lang verpasst! Es war der Sommer 2022.

Eine große Familie zu haben, bedeutet nicht nur, viele Geschwister zu haben. Cousinen und Cousins, nennen wir sie Kusengs, der Einfachheit halber, waren immer gegenwärtig. Auch in den USA wurden mir Menschen vorgestellt mit dem Vermerk *Oh, we're cousins*. Selten war damit die traditionelle Bedeutung eines Cousins oder einer Cousine gemeint, nämlich Kinder der Geschwister der eigenen Eltern zu sein. Man war irgendwie verwandt und war daher ein Kuseng oder auch eine Tante oder ein Onkel.

Wir waren viele, und wir waren da. Die besten Freunde meiner Eltern? Tante und Onkel. Das Gefühl von Gemeinschaft, von Verbundenheit war stark, wir sprachen auch von »unseren Leuten«. Dabei blieb man im Umgang formvollendet. Erwachsene mit ihrem Vornamen anzusprechen etwa, vielleicht sogar die eigenen Eltern, das geschah höchstens in der Welt da draußen, bei den anderen, nicht aber in unserem Kokon, der durch Fernsehen und Zucker zusammengehalten wurde.

»Klein zu heiraten«, bedeutete für mich, nur den engsten Verwandtenkreis einzuladen: knapp über 50 Leute. Mein Mann hatte genau drei Verwandte, die er zur Hochzeit einlud. Ich glaube tatsächlich, dass das nicht mal ein extremes Beispiel ist. Wenn ich mich im Freundeskreis umhöre, haben die meisten deutschen Freundinnen kaum Verwandte auf ihren Hochzeiten gehabt, wenn sie überhaupt »mit Familie« geheiratet haben. Die Großeltern sind oft verstorben, die Eltern haben nur ein bis zwei Geschwister, zu den Cousinen und Cousins besteht kaum Kontakt.

Wie anders das gewesen sein muss, das Großwerden ohne Kusengs, denke ich mir. Wie still. Wie leise. Wie langweilig. Wie anstrengend auch, immer im Mittelpunkt zu stehen und der Star zu sein. Ich sehe es an meinen eigenen Kindern, die in ihrer Kernfamilie mütterlicherseits die einzigen Enkelkinder sind: Bei jeder Gelegenheit wird Rücksicht genommen auf sie, jeder Schritt, jede Geschichte, jedes Wort, ist es wert, nicht nur beachtet, sondern auch gefilmt und fotografiert zu werden. Diese permanente Aufmerksamkeit, das permanente Achtgeben auf die Bedürfnisse, wow, denk ich mir, wenn der Großteil meiner Kommilitonen so aufgewachsen ist, dann verstehe ich jetzt so einiges. Wenn sie nicht mehr Gitarre spielen wollten, haben sie mit Klavier angefangen. Wenn der Fußballtrainer gemein war, wechselte man zum Handball. Ich weiß nicht, ob das überspitzt ist. Mir fällt es ja nur auf, weil ich es jetzt auch so machen kann. Da ist er, der Aufstieg.

Meine Kinder sind zum Glück nicht die einzigen Urenkelkinder und haben auf dieser Ebene jede Menge Kusengs, die sie in penibler Regelmäßigkeit sehen. Bei diesen Treffen herrschen dann die gleichen Regeln wie für uns früher: Geht spielen, kümmert euch um die Kleineren, denn die Großen passen auf die Kleinen auf. Sie lernen also Rücksicht zu nehmen und sowohl mit Zweijährigen als auch mit Achtjährigen zu spielen. Die Älteren haben die Jüngeren aufwachsen sehen. Es sind nicht nur Kitafreunde, es sind ihre Kusengs, sie wissen, die sind wirklich fürs Leben da, die gehen nirgendwo hin.

> »Das eint wohl alle Eltern, die vor Krieg, Armut, Hunger, vor fehlenden Perspektiven fliehen, damals wie heute: Sie wollen für ihre Kinder ein besseres Leben.«
>
> Emilia Smechowski[22]

Das bessere Leben, das der Anderen, ist häufig das Endgoal, nicht wahr? Das grünere Gras, die nettere Familie, die Markenklamotten, die Sicherheit und die Ruhe. Ankommen in der bürgerlichen Mitte, umgeben von akademischen Kernfamilien. Augenblick, wollten das unsere Eltern auch für uns? Sicherheit und Frieden, sicherlich, aber ich wage zu bezweifeln, dass sie realisiert haben, dass wir Kinder mit einem Auge rüberschielten zur Eiche-Rustikal-Wohnwand inklusive abschließbarem Süßigkeitenschrank. Das wirkte alles so sorgenfrei bei denen mit ihren Spieleabenden, so geordnet. Es hat einen Moment gedauert, bis ich verstehen konnte, dass ich sehr zufrieden bin mit meiner Identität, inklusive Herkunft. Vor allen Dingen, weil ich auch unter der Woche Süßigkeiten essen durfte.

Woher diese Zufriedenheit sonst noch kam? Als Erwachsene daher, dass ich meinen Freundeskreis bewusst erweiterte und auch aufräumte. Indem ich nicht mehr rüberschielte, sondern das umarmte, was ich schon hatte. Würg, ja, ich weiß, Entschuldigung, aber es ist wahr! Mein Leben wurde geiler, als ich anfing, mich mit anderen migrantischen Menschen auszutauschen, Bücher von Frauen mit Migrationshintergrund zu lesen, und es zu meiner Lebensaufgabe machte, mein Netzwerk so aufzubauen, dass wir alle davon profitierten. Wir alle, weil der migrantische Blick auf Deutschland auch der Mehrheitsgesellschaft neue Facetten ihres Landes näherbringt. Nein, ihr müsst nicht *Faust* oder *Kabale und Liebe* lesen, um etwas über Deutschland zu verstehen, aber *Dschinns* und *Der Russe ist einer, der Birken liebt* könnten helfen.

An dem Tag, an dem ich endgültig aufgehört habe, zu etwas dazuzugehören, und begann, mein eigenes Ding aufzubauen, ey, ich sag es euch, an dem Tag war ich frei. Oh, göttlich war das. Die Meinung von pöbelnden Rentner-Almans auf dem Aldi-Parkplatz? Scheißegal. Story Views auf Instagram? Scheißegal. Der Blick einer anderen Mutter am Kitator? Scheißegal. (Vielleicht wollte sie wissen, woher mein Pailletten-Morgenmantel ist; Junge, vom Flohmarkt.) Was mir nicht mehr scheißegal war: der Respekt der anderen Frauen, Eltern, Männer, die eine ähnliche Kindheit oder Herkunftsgeschichte hatten. Diversity ist zu einem Modewort geworden für Elternblogs und Sinnfluencer*innen, denen ich zutraue, Halva von Baklava nicht unterscheiden zu können.

Es war der Tag, an dem ich ausatmete und beschloss, nie wieder die salzfreien Bio-Brezeln zu kaufen. Ich ging in den Mix-Markt und besorgte Suschki. An dem Tag ging es los.

Wir hatten nichts, aber wir hatten Kusengs. Seit mein Roman *Nachtbeeren* rausgekommen ist, habe ich ein neues Kuseng-Level unlocked: Kicos-Kusengs. Shoutout an das wundervolle Getränk unserer Kindheit und Gegenwart, voller Zucker und Guarana. Während meine deutschen Freundinnen an Deit nippelten, feierten wir den Koffeinrausch unseres Lebens. Deit ist übrigens wohl die erste Limonade komplett ohne Zucker gewesen, nur mit Süßungsmitteln. Ich hätte keinen besseren Kontrast zu Kicos finden können, wenn ich aktiv danach gesucht hätte.

Und, warum auch immer: Kicos ist bis heute ein kleines, geheimes Erkennungszeichen. Wenn ich andere RD treffe und sie kennen das Getränk ebenfalls, dann wissen wir. Wir wissen einfach. Wir wissen Lager, wir wissen RTL II, wir wissen Notwohnung, wir wissen. Wir wissen Kicos-Kusengs, wir haben fast zeitgleich das Gleiche durchgemacht, unsere Mütter haben bei Deutschen geputzt, unsere Väter zu Hause. Eyooo. #carearbeit

Wer mit vielen Verwandten aufwächst, lernt eins besonders schnell: Menschen sind verschieden. Gerade in Migra-Familien passiert es, dass an einem Tisch Erststudierende neben Bauarbeitern oder Reinigungskräften sitzen. Menschen, die in der Gastro arbeiten oder einen Laden haben, neben festangestellten Managern. Politisch alles dabei. Natürlich ist das auch in Familien ohne Migrationshintergrund der Fall. Doch, dem deutschen Schulsystem sei Dank, sitzen die Akademikereltern hier mit ihrem Akademikernachwuchs in Flötotto-Stühlen und diskutieren über Puccini oder irgendwelche Grünen. So stelle ich mir das zumindest vor. Und Tatort! Und Dan Brown! Axel Hacke! Ja, ja, ich weiß, keine Klischees. Aber ich schwöre, Deutsche lieben Axel Hacke so sehr. Und Dan Brown.

Ich werde nie vergessen, wie SCHOCKIERT der deutsche akademische Teil meines Freundeskreises war, als die AfD zum ersten Mal in einem Landtag landete. In solchen Momenten versuche ich mich dann immer im Codeswitching und spiele mit. Die Posts in den sozialen Netzwerken: Bestürzung, Enttäuschung, Überraschung. Ich kriege Nachrichten mit Screenshots der Wahlergebnisse: »Kannst du das glauben?«

Äh, ja. Was habt ihr erwartet? Es wundert mich, dass es noch verhältnismäßig wenige waren. Dass es so lange gedauert hat. Für manche Menschen in meinem Leben bin ich die einzige Migrantin, die sie kennen. Dabei vergessen sie natürlich, dass ich Migrantin bin. Wenn sie sich dann erinnern, sagen sie den gleichen Stuss, den sie ihrer türkischen Arbeitskollegin und der Schwarzen Mutter des Kitafreundes des Sohnes sagen: »Dich meine ich ja nicht, ich meine die anderen.«

Korrekt, du meinst meine Kusengs. Du meinst unsere Väter, Onkel und Brüder. Oder meinst du unsere Tanten? Meinst du die Kinder, die dir die Schulwahl erschweren, oder meinst du die Jugendlichen an der Dönerbude? Den Budenbesitzer meinst du nicht, der sagt immer »Chef« zu dir, das findest du gut, ja?

> »Gerade dann, wenn einer mit mir über Minderheiten spricht, als wäre ich nicht eine von jenen, von denen er so spricht, als ginge es mich nichts an, weil ich ja längst ein integriertes Mitglied dieser Gesellschaft bin, sehe ich Gefahr im Verzug, denn ich bin und bleibe in erster Linie ein Mensch.«
>
> Jagoda Marinić[23]

Du meinst vielleicht gar nicht meine Kusengs, die sind ja *weiß*, haben Vornamen wie Markus, Andreas und Peter und sind hier geboren. Du meinst die … uhm, die, mit der, also die »dunkler pigmentiert« sind? Ah! Du meinst Schwarze? Nicht unbedingt, die haben oft ja noch einen *weißen* Elternteil und sind auch hier geboren, aber die braunen, die Araber, Moslems, Türken, die, ne? Die meinst du? So wie die bin ich nicht?

Aus deiner Perspektive nicht, denn aus deiner Perspektive feiere ich Weihnachten und bin *weiß*. Aus meiner Perspektive kenne ich kontrollierende Mütter, verzogene Söhne, gewürztes Essen, Wohnungen mit sehr vielen Menschen, Supermärkte, in die du nur reingehst, um ein einzelnes Gewürz zu kaufen, das du aus dem letzten Baliurlaub kennst. Meine Perspektive ist das »mulitkulti«, das du im Kindergarten deiner Kinder spannend findest, was aber mit der Grundschule gerne aufhören kann. Wobei, die Grundschulbibliothek soll bei der Auswahl ihrer Bücher aber bitte auf Diversität achten!

Ich sitze in der Bahn, in Fußballkneipen und auf Kindergeburtstagen und höre mit. Meine Leute haben ja gelernt, nicht aufzufallen, still zu sein, die perfekt integrierten Russlanddeutschen; dafür wurden wir oft gelobt, fürs Stummsein. Wie heißt das noch? Nicht Aufmucken. Nichts wollen. Wenn man also *weiß* ist, blond, in der Ecke sitzt, hört man Gespräche, die ihr vielleicht überhört. Oder nicht hören wollt?

Wenn ich auf Events oder Privatfeiern neue Leute kennenlerne, habe ich das Glück, dass Elina kein allzu exotischer Name mehr ist. Danke, *Barbie Fairytopia*. Wo ich herkomme, spielt selten eine Rolle. Ich lüge zudem bewusst. Permanent. Ich erzähle schon lange nicht mehr, dass ich in der Sowjetunion geboren wurde, dass ich Russlanddeutsche bin. Und das, meine Damen und Herren, ist White Privilege. Ich kann das. Die anderen, die wir vorhin erwähnt haben, können das nicht. Es geht mir nicht darum, dass sie mich ausschließlich als Deutsche sehen. Es geht mir darum, meinen Migrationshintergrund zu verstecken, damit ich nicht zum hundertsten Mal das gleiche Gespräch führen muss.

»Mit der Zeit fing ich an, zwischen den Kulturen zu tanzen, mich mal mit dieser, mal jener Identität zu bedienen, die Tarnkappe runter- und wieder hochzuziehen, je nachdem, wie es besser passte. Auf deutschen Formularen hatte ich keine Lust auf Nachfragen und gab meine polnische Staatsbürgerschaft nicht an. Um Auslandsstipendien zu bekommen, schrieb ich seitenlange Motivationsschreiben über meine polnischen Wurzeln. Es hatte schizophrene Züge.«

Emilia Smechowski[24]

Der einzigen Bevölkerungsgruppe, der ich so schnell wie möglich erzählen muss, dass ich Migra bin? Taxifahrern. Mein eigenes nerviges Ego, mein Drang, bloß nicht Deutsch vor ihnen zu wirken, damit sie mich nicht in eine Schublade packen. Ich will auch, dass sie sich entspannen, ausatmen und die Schultern, wahrscheinlich schwer von Verantwortung, mal runterhängen lassen können.

Das gleiche Gefühl habe ich, wenn ich wiederum Menschen auf Events treffe und wir herausfinden, dass wir beide Migras sind. Es entspannt und es hilft. Wir müssen keine Fragen stellen, auf die wir die Antworten schon kennen. Sie muss mir nicht erzählen, welche Sprache sie mit ihren Eltern spricht oder aus welchem Dorf genau ihre Großeltern oder sie selbst kommt. Es ist mir egal, ich will wissen, was sie trinken will, dann bring ich ihr nämlich ein Getränk von der Bar mit. In meinem Freundeskreis bin ich längst nicht mehr die einzige Migrantin. Es hat eine Entwicklung stattgefunden, ab der Sekunde, in der ich zum ersten Mal mein ostwestfälisches Dorf verlassen konnte. Meine Freundinnen sind die Power Rangers meines Lebens geworden.

Wir sehen einander. Kennen die Herausforderungen als Mütter, als Ehefrauen, als Partnerinnen, als Angestellte, als

Selbstständige, als Künstlerinnen, als Steuerzahlerinnen, als Töchter, aber, zusätzlich dazu übersetzen wir, erklären wir, verteidigen wir, trauern, und versuchen Generational Cycles zu brechen – als Migras. Ob hier geboren, ob umgesiedelt, ob geflohen, ob *weiß*, ob muslimisch, ob BIPoC, ob PoC, ob jüdisch, ob multilingual oder ob man die vermeintliche Muttersprache nie richtig gelernt hat.

Als ich aufwuchs. waren die einzigen anderen Ausländer meine Kusengs. Und die waren zum größten Teil in Deutschland geboren, tolle Ausländer. Ich durfte Schulen besuchen, auf denen die Migrationsrate bei unter einem Prozent lag (das ist eine grobe Schätzung, ich kann nämlich die Migras dort an zwei Händen abzählen). Führte das bei mir zu einem akzentfreien Deutsch, inklusive lateinischer Aphorismen und der Fähigkeit, Portemonnaie richtig zu buchstabieren? Ich sage ja. Ich habe Wörter wie brüskieren und echauffieren gelernt – und vielleicht noch mehr Einblicke in deutsche Lebensrealitäten gewinnen können als jemand, der in sogenannten sozialen Brennpunkten aufwuchs. Sie haben einen Gynast aus mir gemacht (»Gymnasiast« für alle, die es aussprechen können).

Die Kusengs in meinem Leben wissen Bescheid. Wir konnten und können einander zum Beispiel von unseren rassistischen Verwandten erzählen, während wir auf Bühnen sitzen und von unserem migrantischen Dasein berichten. Ja, Menschen mit Migrationshintergrund können rassistisch sein. Auch xenophob, homofeindlich, antisemitisch. Du kannst indische Eltern haben, die das N-Wort nutzen, bosnische, die mit Türken nichts zu tun haben wollen, russlanddeutsche Eltern, die geflüchteten Menschen kritisch gegenüberstehen. Wie früher dein Beziehungsstatus auf Facebook: *Es ist kompliziert*. Aber hey, auch das schnallen wir auf unseren Rücken und versuchen, es irgendwie zu managen, hauptsächlich, indem wir immer wieder auf die nächste Generation blicken. Auf uns hören unsere Eltern eh nicht, aber auf ihre Enkelkinder.

Als Migras haben wir also von klein auf gelernt, dass es eine Gemeinschaft gibt, in der wir sicher sind und in der wir verstanden werden. Wir haben von Anfang an gelernt, ein Netzwerk zu erhalten und zu pflegen, weil wir mussten. Füreinander da zu sein. Wir kannten es nicht anders. Da waren immer Leute um uns herum, vielleicht sehnen sich heute manche von uns auch mal nach Ruhe, aber meist machen wir genauso weiter, suchen uns unsere Community. Das können Safer Spaces wie Shishabars sein oder früher Russendiskos (gibt es die noch?).

Während ich dieses Kapitel schreibe, nähert sich der dritte Jahrestag von Hanau. Rechter Terror wird in Deutschland weggelächelt, vergessen, auf Wahlerfolge der AfD mit Betroffenheit und vielen »Huchs« reagiert. Ich werde gefragt, ob ich Angst habe, dass der Krieg auch nach Deutschland kommen könnte. Ich sage, ich habe Angst, dass die AfD einen Kanzler stellen wird. Das nächste Mal knallen sie einen Mix-Markt weg oder einen Grillplatz, oder vielleicht einen Basketballplatz? Ich habe keine Angst vor einer Atombombe, ich habe Angst, dass irgendwer im Schützenverein meines Dorfes den Schrank nicht richtig abgeschlossen hat.

Das sind unsere Ängste. Hinzu kommt für rassifizierte Minderheiten die Angst, auf dem Nachhauseweg zu sterben, ob durch Polizeigewalt oder weil rechtsextreme Personen sie totprügeln. Meine Ängste sind stark verwoben mit meiner Liebe für Menschen, die diese Ängste kennen. Die gelungenen Integrationsbeispiele, als die wir für Kampagnen und Parteitage benutzt werden, sind das Resultat von etwas Glück, viele Privilegien und natürlich unfassbar viel harter Arbeit. Ich freue mich auf den Tag, an dem meine Kinder mir sagen können, ich würde Toxic Hustle Culture unterstützen, dann hab ich's wirklich geschafft. Aber mein Erfolg ist nicht mein eigener, noch nie gewesen.

Es sind die unzähligen Übernachtungen bei Kusengs, damit meine Eltern arbeiten oder feiern konnten (beides wichtig), es sind die ganzen Jobs, die die Frauen vor mir gemacht haben, damit ich auch nur annähernd ähnlich aufwachsen konnte wie mein Gym-Zirkel, es sind die Einsparungen, die

Absagen, die Opfer, die für mich und meinen Lebensweg gebracht wurden.

Es ist unmöglich, das zu vergessen oder zu ignorieren.

Eine große Familie zu haben, bedeutet Verantwortung, es bedeutet, Hilfe anzunehmen, aber auch Hilfe zu leisten. Immer wieder lese ich, deutsche Mütter hätten Probleme damit, um Hilfe zu bitten. Die eigenen Mütter hätten auch immer alles allein geschafft. Bei uns schafft niemand irgendwas allein. Kuchen backen, Salate machen, Bierzeltgarnituren ausleihen, auf die Kinder aufpassen: Aufgaben werden verteilt und Verantwortung wird übernommen, und sei es nur für einen Nachtisch.

Keine Fragen zu stellen, wenn ein Kuseng anruft, sondern aufzustehen. Es gibt eine *fine line* zwischen »Du bist etwas Besonderes« und »Was glaubst du eigentlich, wer du bist?«. Wir Migra-Kids wurden sicherlich immer geliebt, waren wir Söhne, wurden wir sogar vergöttert, aber wir waren genauso besonders wie der nächste Kuseng. Und ganz bestimmt nichts Besseres. Bescheidenheit, aber mit Stolz. Jeder Erfolg ist »unser Erfolg«. Jeder CEO, jede Autorin, jeder Sänger, jede Profisportlerin. Aber auch: jeder, der an die Community denkt. Und die Community, das wissen wir, ist schon lange nicht mehr nur unsere. Das Migra-Dasein in Deutschland verwischt. Wir werden alle zu Kusengs.

Das ist alles schön und gut, und im besten Fall ziehen wir Kraft aus unseren migrantischen Familien. Aber bitte glaubt nicht, dass ich beschönigen will oder toxische Dynamiken ignoriere. Migras laufen nicht den ganzen Tag händchenhaltend durch die Gegend und sagen Gedichte über harmonische Großfamilien auf. Aber: Die Community ist größer als unsere Herkunftsfamilie. Während queere Menschen ohne Migrationshintergrund auch mal mit ihren Omas auf ihrer Hochzeit tanzen, sind die meisten queeren Menschen mit Migrationshintergrund, die ich kenne, in der Familie nicht geoutet. Auf eigenen Wunsch. Während wir versuchen, unseren Nachwuchs genderneutral zu kleiden, sprechen die Großeltern die Kinder mit »Prinz« und »Prinzessin« an. Und während Freunde von mir ganz selbstverständlich außerhalb ihres Kulturkreises daten (so spannend!), dominiert bei uns die Enttäuschung, wenn jemand nicht im eigenen Kulturkreis bleibt. Es ist auch die Angst der Elterngeneration, die eigene Kultur würde verschwinden.

Gegen das System zu agieren, ist wichtig und richtig. Wir tun das eh schon jeden Tag, allein durch unsere Existenz, ob hier geboren oder als Kinder hier angekommen. Unsere Eltern sind in einem anderen Land groß geworden und kennen so viel mehr vom Leben und diesem Planeten. Wenn wir gegen sie arbeiten, das Toxische in unseren Familien ansprechen, arbeiten wir gegen unsere Herkunft, die ja auch ein Teil von uns ist. Das fickt härter – denn den üblichen Kram wie Diet Culture, Sexismus, toxische Maskulinität kennen wir ja auch. Ob von unseren Schwiegerfamilien oder den eigenen Eltern.

Manche von uns übersetzen immer noch für Verwandte, wir sind gut darin geworden. Oder wir machen die Steuer für sie, seit wir Teenager sind, Parentifizierung nennt man das.

Natürlich sind wir neidisch und wünschten, unser einziges Problem wäre es, dass unsere Mutter an Heiligabend kommentiert, dass die Gans trocken ist oder wir mal wieder staubwischen könnten. Es ist ein Luxus, nur noch über Alltägliches zu streiten, nicht über Grundsätzliches.

Doch wir wissen dank unserer Herkunft, dass alles ein System ist und ein Leitbild. Ihr seht die Welt so, andere so. In Russland kannst du keine Handtasche auf den Boden stellen, in Deutschland redest du nicht über den Nazihintergrund von Opa, *same same but different.*

Das System Großfamilie beeinflusst meine Art und Weise zu arbeiten, jeden Tag. Ich bewege mich in einem Netzwerk von hauptsächlich Frauen, die genau nachvollziehen können, wie müde man am Ende eines Tages als Migra-Eltern ist. Die größte Herausforderung ist nicht (nur) die Abbildung einer diversen Gesellschaft in Kinderbüchern, denn unsere Kinder machen diese Gesellschaft divers, es ist die Wahrung von Kultur, Sprache, das Fortführen von Werten, die uns helfen, am Rand der Mehrheitsgesellschaft zu bestehen. Ich habe kein Netzwerk, ich habe Kusengs.

» Bei Schulfesten (bei denen was mitgebracht werden musste) brachte Mama Essen, sei es Salat oder Kuchen, was die anderen nicht kannten. Es wurde weniger gegessen oder komisch angeschaut. «

Elena Walczyk

» Wir essen BIS HEUTE auf dem Boden. Legen eine Essendecke auf den Teppich, decken diesen und essen. Das ist so geblieben und wird wahrscheinlich immer so bleiben. Ich finde diese Umstellung – körperlich, wie auch Essen ohne Besteck – bereichernd. Mir fallen die besten Ideen oder Impulse wirklich beim Essen zu Hause ein. Essen wird hier nicht als Termin, sondern als eigene bewusste Entscheidung zusammenzukommen zelebriert. In den eigenen vier Wänden. «

Naima Omari

ESSEN

»Angesichts der hohen Chance, ein verkacktes Essen serviert zu bekommen, bin ich im Nachhinein nicht mehr so traurig darüber, dass ich oft im Zimmer meiner Gastgeberinnen aus der Schule bleiben musste, während diese mit ihren Familien aßen.«

Hengameh Yaghoobifarah,
Habibitus[25]

»Du kannst im Kinderzimmer warten, bis wir fertig sind mit Essen.« Für alle Ungläubigen: Nein, ich denke mir das nicht aus. Wenn ihr diesen Satz nicht kennt, hattet ihr einfach Glück oder keine deutschen Freunde.

Das Szenario ist folgendes: Bevor sogenannte Playdates durchgeplant waren, ist man früher zum Spielen entweder mit rübergegangen oder mit dem Rad hingefahren. Früher war eh alles besser, klar. Verabredet haben wir uns in den 90ern auch, sogar am Telefon, aber genauso oft stand man spontan vor der Tür. Zeitlicher Rahmen dieser Verabredungen? Entweder »Seid zum Essen zu Hause« oder »Ihr seid zurück, bevor es dunkel wird«.

Es soll aber vorgekommen sein, dass diese Verabredungen so schön waren, dass man schlichtweg vergaß, nach Hause zu gehen. Oder es war Samstagvormittag und es war nichts Genaues abgemacht worden. Oder man sollte abgeholt werden, aber die Person, die einen abholen sollte, verspätete sich. Dann passierte Folgendes: Wenn es, warum auch immer, nicht möglich war, das Besuchskind nach Hause zu schicken, wurde dem eigenen Kind aufgetragen, dem Besuchskind mitzuteilen, dass es bitte im Kinderzimmer warten solle, bis die Familie fertig ist mit Essen. Ich war dieses Besuchskind. Sehr oft. »Du kannst im Kinderzimmer warten, bis wir fertig sind mit Essen« ist der Satz meiner Kindheit.

Geht zu euren Migrantenmuttis, jetzt, oder schreibt ihnen. Russisch, türkisch, nigerianisch, vollkommen wumpe. Erzählt ihnen das. Erzählt ihnen, dass es in Deutschland vorkommt, dass Besuchskinder gebeten werden, zu warten, während andere Menschen nebenan essen. Aus welchen Gründen auch immer: »Die Hühnchenfilets sind abgezählt«, »Wir haben nicht genug gekocht«, »Deine Eltern sind jede Sekunde hier«. Die Reaktionen der älteren Migra-Mütter stelle ich mir wie folgt vor: Ungläubigkeit, gefolgt von hysterischem Lachen, dann wieder *total disbelief* und die Bezichtigung der Lüge, gefolgt von einem Stoßgebet, egal an wen.

Die, die es nicht erlebt haben, glauben es nicht, und die Migras, die hier nicht aufgewachsen sind oder in einem rein migrantischen Freundeskreis aufgewachsen sind, glauben es erst recht nicht. Es ist so unvorstellbar für Migras, dass einem Kind kein Essen angeboten wird, wenn es Essen gibt, dass ich Angst habe, es älteren Migras zu erzählen, aus Angst, sie würden an einem Herzinfarkt sterben. Einfach umkippen vor Schock.

Sollte dich diese Geschichte zu nicht mehr als einem Schulterzucken bewegen, verstehst du die Bedeutung von Essen nicht. Ich habe noch eine andere Vermutung: Du bist mit ungewürztem Essen aufgewachsen, die Momente, in denen deine Zunge so etwas wie Lebensfreude verspürt hat, verdankte sie ausschließlich Maggi und Nutella. Nicht zu vergessen, Salz. Oh mein Gott, *say it with me*, Salzen ist nicht Würzen. Es tut mir leid, es tut mir wahnsinnig leid, aber ich weiß, warum du so gerne Pho isst, denn es war das erste Mal, während deines Germanistikstudiums, dass du vom Essen Stöhnen musstest.

Was mir auch leid tut: dass ihr dieses orgiastische Gefühl im Mund nicht kennt, wir haben es jeden Tag: Schaschlyk, Salate ohne Salatblatt, Dill, Petersilie, Suppen mit Eiern drin, Galupzieh, Bischparmak, ich habe keine Ahnung, wie die Hälfte davon geschrieben wird, aber ich weiß, wie es schmeckt. Fantastisch! Vorspeisen, frittierte Teigrollen, Hauptgerichte, alles auf den Tisch.

»›Ess-Zelebrierung‹ scheint mir eher angebracht. […] Alle nehmen sich Zeit! Zeit zum Zubereiten, Zeit zum Planen und auch Zeit zum Herstellen. Nicht nur ist es üblich, den Gästen mit einem Tisch voll köstlicher Speisen Ehre zu erweisen, Essen bedeutet auch Feiern – den Familienzuwachs, gute Geschäfte oder auch einfach einen guten Tag. Im Gegensatz zu meiner späteren Jugend in Deutschland habe ich meine Kindheit in Kasachstan an sehr vielen Tischen verbracht.«

Ana Romas[26]

Ich kann mich an mein erstes echtes Gulasch in Ungarn erinnern, ich weiß, wie zart Wildschwein schmeckt; wenn ich in Berlin bin, renne ich zu meiner Lieblingstaqueria, oder ins *Pasternak*, für die Napoleon-Torte. Freundinnen und ich standen nach einem Vormittag voller Termine an der Straße und hatten die Wahl zwischen links Asia-Imbiss und rechts Italiener, aber weiter geradeaus sah ich ein Schild mit etwas, das einem Samowar ähnelte, und ich sagte: dahin. Es war ein usbekisches Restaurant. Ich habe den besten Plov meines Lebens gegessen und träume immer noch davon.

Natürlich, und das wollen wir hier nicht vergessen: Ich liebe Schnitzel, ich esse auch mal eine Bratwurst, shit, ich zähle die ganze Zeit nur Fleischgerichte auf. Äh, ich mag Rouladen. Auch Fleisch. Ähm, Knödel mit Sauce. Ich liebe Knödel! Deutsche Küche kann schmecken, kann gut sein. Und ich sage es trotzdem: Sie ist nicht zu vergleichen mit, wie sollen wir es nennen, ethnischen Gerichten.

Denn es ist nicht unbedingt ein deutsches Ding, es könnte ein *weißes* Ding sein.[27] In meinen Jahren in den USA ist mir aufgefallen: Mayo und Butter ersetzen keine Gewürze. Es existieren unendlich viele Videos im Internet darüber, was *weiße* US-Amerikaner mit Huhn anstellen, mit Mac and Cheese, mit Kartoffelsalat. Spoiler: alle drei Gerichte bleiben beige. »Where's the seasoning?«, ist zu einem Witz geworden, der immer funktioniert.[28] Historisch gesehen tatsächlich sehr interessant, denn als Gewürze im 16. Jahrhundert für die Mehrheit verfügbarer waren, beschloss die Oberschicht, auf eine neue Art und Weise zu kochen: ohne Gewürze. Sie wollten Fleisch in Brühe kochen, Saucen perfektionieren, damit alles mehr nach Fleisch schmeckt. Siehe die französische und englische Küche; aus dieser Zeit stammen auch viele saucenbasierte Gerichte.

Ohne zu sehr ins Detail gehen zu wollen, aber die zwei Weltkriege und die Great Depression haben gerade in den USA dazu geführt, dass die *weiße* Mittelschicht mehr und mehr auf haltbare Lebensmittel angewiesen war. Migranten, die in die USA kamen und zuvor noch einen eigenen Garten hatten, mussten kreativ werden. Stark gewürztes Essen wurde von manchen religiösen Führungspersonen auch als unrein und »verführerisch« bezeichnet.[29] Sie sagten das Gleiche über Kaffee.

Es gibt also sehr wohl Gründe dafür, zumindest in den USA, dass sogenanntes White-People-Food existiert. Manche dieser Gründe treffen sicherlich auch auf die BRD zu, vielleicht mit ein Grund, warum man so gerne zum Italiener oder Griechen um die Ecke geht. Das Essen schmeckt, die Kellner sind so freundlich und es erinnert an den letzten Sommerurlaub. Doch Türkisch essen gehen? Ist zumindest auf dem Land noch nicht angekommen, hier bleibt es der Döner-Imbiss, wenn überhaupt. Auch beim Essen gehen wird in gute und weniger gute Ausländer aufgeteilt. Pizza Quattro Stagioni und Penne all'arrabbiata gehen von der Zunge wie warmes Olivenöl auf frischem Bruschetta, aber Döner … war da nicht mal was mit diesen Morden?[30] Ja. Der rechtsextreme »Nationalsozialistische Untergrund« tötete insgesamt neun Menschen, zwei von ihnen arbeiteten in einem Imbiss. Aufgrund der Herkunft auf ein Imbissgericht reduziert zu werden: Es ist so unfassbar manchmal.

Warum ist Essen so ein Thema für Migras? Nun, und das mag für Deutsche eine überraschende Erklärung sein, aber die meisten unserer Leute besitzen die emotionale Größe nicht, ihren Kindern zu sagen, dass sie sie lieben. Oder dass sie stolz auf sie sind. *It is what it is.* Aber wenn du krank bist, oder nach Hause kommst, dann weißt du, welches Essen dich erwartet, das beste nämlich. Dein Lieblingsessen. Und wenn du einen Deutschen heiratest, dann kriegt der Grünkohl mit Pinkel von seiner Migra-Schwiegermutter, jedes Mal, wenn die Novemberluft nur leicht nach Frost riecht. Als Ausdruck von Liebe, von Kümmern. Haben wir jemals Grünkohl im Winter gegessen, bevor mein Mann in unsere Familie einheiratete? Natürlich nicht. Doch nun sind wir grünkohlessende Westfalen.

Einmal hat meine Mutter mir einen geschälten (!) Granatapfel in meine Studienstadt geschickt. Es ist nicht mal die abgedrehteste Essenspaketgeschichte, die ich kenne. Essen oder Füttern ist also eine dieser Love Languages. So sehr wir Essen mit Liebe verbinden, so sehr verbinden wir es aber auch mit Scham.

Journalistin Ira Peter beginnt ihren ZEIT-Artikel »Und immer diese Angst, nicht deutsch genug zu sein« mit dem Satz: »Ich habe mich für den Geruch in unserer Wohnung geschämt, die oft nach gebratenem Fleisch und geschmorten Zwiebeln roch.«

Natürlich habe ich den Duft sofort in der Nase. Ich schätze, dass es Plov sein könnte, aber wer weiß das schon, fast alle Gerichte meiner Kindheit beginnen mit gebratenem Fleisch und geschmorten Zwiebeln. Ich kenne das Gefühl der Scham, auch wenn ich heilfroh war, dass ich Beschbarmak und Funchosa essen durfte statt Senfeiern mit Spinat. Mit Essensscham kennen wir uns aus, sie ist im wahrsten Sinne des Wortes unser täglich Brot. Hatice Açıkgöz schreibt in *fancy immigrantin*:

als in der schule die pause anfing
holten alle ihre brotdosen raus
beschämt griff auch ich in meine tasche
und packte mein börek
aus der alufolie aus[31]

Das Pausenbrot, das bei allen anderen gleich aussah. Die Lunchbox, die bei allen anderen gleich roch. Diese Szene in der Sitcom *Fresh Off the Boat*, ich werde sie niemals vergessen. In der Serie ist Eddie Huang jemand, den es in den USA sehr häufig gibt und hier nicht so oft: ein echter Hustler und ein Multitalent. Uhm, Koch, oder überhaupt Gastronom, Anwalt, Fashion Designer und Autor seiner Memoiren. Jedenfalls geht es um die Zeit, in der Klein-Eddie nach Florida zieht und neu an der Schule ist. Hier fällt ihm ziemlich schnell auf, dass seine Familie die einzige asiatische weit und breit ist, im Gegensatz zu seinem vorherigen Wohnort Washington, D.C. Ich komme jetzt endlich zu der Szene: Eddie packt sein Mittagessen aus. Es stinkt. Alle ziehen ihn auf. Diesen Moment kennen die meisten von uns, sogar Eva Longoria, die im Bus in der dritten Klasse verwundert feststellen musste, dass nicht alle Menschen mexikanisch sind. Wie sie das merkte? Nun, sie frühstückte einen Bean Taco, die anderen Kinder nicht.

Ich bin nicht mit Pelmeni in die Schule geschickt worden, aber ich erinnere mich, mittags daheim nach Spaghetti Bolognese verlangt zu haben, weil ich das auch endlich mal essen wollte. Es muss der Zeitpunkt gewesen sein, als bei uns zum ersten Mal Maggi-Fix-Tüten benutzt wurden. Dann lieber Beschbarmak.

Auch die Journalistin Ruth Tam schreibt in der Washington Post über die Scham wegen Essensgerüchen, aber auch über die Entwicklung, die migrantische Gerichte in den letzten Jahrzehnten durchgemacht haben. Und zwar explizit im Hinblick auf das Shaming durch andere:

> »Die Scham, die mit dem Essen der Migras verbunden ist (bis es zu Lieblingsessen der Foodies wurde), ist nicht nur mir oder chinesischen Gerichten vorbehalten. […] Diese kulturelle Aneignung schmerzt, weil die gleichen Gerichte, die auf trendigen Menüs als »authentisch« gehyped werden, Verachtung ernteten, wenn sie in den Häusern der Einwanderer gekocht wurden, die sie hierher brachten.«[32]

Nachdem ich letztens ernsthaft über 8 Euro für Meze bezahlt habe, wusste ich, Berlin ist lost. Oder bin ich es? Schließlich hatte ich mein geliebtes Moabit verlassen und mich in den Schlund der Gentrifizierung gewagt. In Gegenden, in denen Restaurants mit Streetfood fett Asche machen und dabei hauptsächlich darauf achten, dass das Interieur instaworthy ist. Heute sind in jeder beliebigen deutschen Großstadt Piroschki, Sushi, Koreanisch, sogar Creole Food oder Jamaican Jerk Chicken zu finden. Markthallen sind schon lange wieder da, echte Märkte auch, und Food Trucks? *Here to stay.* Das ist alles fein, Hauptsache wir kriegen alle gutes Essen, aber der Beigeschmack bleibt. Das Wissen: Wegen des Essens, das ihr alle jetzt feiert, egal ob Piroschki, Schawarma oder Tacos al Pastor, hat mal ein Vermieter an die Tür geklopft und verlangt, bitte nicht so geruchsintensiv zu kochen.

Die Erinnerung an die Scham bleibt, denn wenn du ein Migra-Kind bist, willst du einfach nur dazugehören. Also fängst du an, dich auch für die Sachen zu schämen, die du eigentlich liebst. Deine Verwandten, das Essen, das sie kochen, die Sprache. Das Essen des Herkunftslandes wird zum Akzent, den man riechen kann. Bei uns ist es Knoblauch.

In meinem Berufsleben bin ich sehr oft auf Events und weiß vorher grundsätzlich nie, ob es Essen geben wird – wenn nicht explizit zu einem Dinner eingeladen wurde. Dieses Berufsrisiko hat mich schon manches Mal Pizza zu Filmpremieren bestellen lassen. Oder ich wurde kreativ, wie eines Nachts mit Tebogo Nimindé-Dundadengar, eine der Tebalou-Gründerinnen und Co-Autorin von *Gib mir mal die Hautfarbe. Mit Kindern über Rassismus sprechen.*

Liebe Tebbi, weißt du noch, wie wir in High Heels über den Alexanderplatz gelaufen sind, um noch schnell bei Nordsee die letzten Fish & Chips abzugreifen? Die Schlange bei Mecces war zu lang. Wir waren auf einer Award Show, und nach der zweistündigen Zeremonie wurden halb rohe, vegane Snacks als Flying Buffet angeboten. Wir hatten Hunger. Andere taten es uns gleich und bestellten einfach Pizza. Ich kann das nicht in Worte fassen, was das mit einem macht, wenn man nicht gefüttert wird. Füttern ist Fürsorge. Ob hungrig auf einer Gartenparty oder einer Filmpremiere, es ist egal: Wir sind unser ganzes Leben lang umsorgt und gefüttert worden, und wenn wir dann irgendwo sind, wo kein Essen gereicht wird, fühlen wir uns nicht willkommen. Sag ich mal so. Für alle.

Hangry ist inzwischen ein Begriff, der geläufig sein sollte. Hervorgerufen in den USA durch hochgradig unbefriedigende kalte Sandwiches zum Mittagessen, in Deutschland durch das kalte Abendbrot und die Keksauswahl bei mehrstündigen Meetings (mir war bis vor Kurzem nicht klar, dass in diesen runden blauen Dosen wirklich mal Kekse waren; die sind doch für Nähzeug!?), nicht enden wollende Panels, dazu Zimtschnecken und Green Juices. Arbeitsbrunches und Produktvorstellungen, dazu vegane Rote Beete-Wraps ohne Geschmack, aber mit Kresse. Ich wünsche mir dann ganz schnell Schuba herbei, und dabei mag ich den Schichtsalat nicht mal.

Sicherlich bin ich in einer Diet Culture aufgewachsen, auf der anderen Seite aber auch mit einer Verwandtschaft, die Essen sehr, sehr ernst nimmt. Keine Familienfeier ohne fünf Salate, drei Fleischgerichte, unzählige Torten und Nachtische. In den Salaten ist kein Salatblatt zu finden. Das ist ok, in den USA beinhaltet ein echter *fruit salad* auch selten frisches Obst. *Coleslaw?* Haha, »Krautsalat«, genau.

Wenn ich meine Kinder von meinen Eltern abhole, werde ich mit einer Aufzählung begrüßt, wer wie viel gegessen hat. Gut, gerade bei Russlanddeutschen sitzt das Hungertrauma tief, die leeren Regale der Nachkriegssowjetunion, die Verantwortung, als Selbstversorger mitten in der Steppe alle satt zu kriegen. Wir haben unsere eigene Version von weißem Gravy, einer Butter-Mehl-Sauce, sie nennt sich auf Plautdietsch schlichtweg *Faht*.

Nie fad wurde uns hingegen, uns mit Essen in wirklich all seinen Facetten zu beschäftigen, mit seiner Textur, seinem Geruch. Vor unserem Haus hielt daher auch kein steriler, weißer Transporter von Bofrost, soweit ich mich erinnern kann, es wurde keine Brigitte-Diät durchgezogen, gut, dafür hätte man ja auch die Brigitte kaufen müssen. Was es gab, waren Ausflüge zum »Internationalen Zehn-Ländermarkt Tiwa«, direkt nachdem wir in der Metro waren. In der Metro waren die Lebensmittel verpackt, eingeschweißt, ein sauberes Lagerhaus, bis zur Decke voll mit akkurat verpackten Dingen. Die Fleischtheke war der Traum eines jeden Gesundheitsamtes, man hätte die Mortadella mit dem Lineal nachmessen können. Alles war perfekt. Und dann ging es in den Tiwa, weil man schon mal so weit draußen war. Die Nase, die gerade noch von Plastik und Kabelbindern irritiert war, konnte etwas ganz Neues riechen: Essen.

Überreifes Obst, zu mindestens einem Drittel weich, matschig, süß, im Sommer überall Wespen. Meine Mutter, die Trauben probierte, Wassermelonen abklopfte, Keulen an der Fleischtheke kaufte. In der Fischtheke, alles voller Crushed Ice, ganze Fische, verschiedene Größen, die Paletten ebenfalls bis zur Decke gestapelt, aber teilweise kaputt, Packungen aufgerissen. 10 kg, 20 kg, 30 kg, hier kauft niemand Reis in 500-g-Beuteln. Regale voll mit Halva, russischem Konfekt und abgepackten Kuchen, Ameisenhaufen und Waffeln. Es war der schönste Ort der Welt und wir waren alle da. Russen, Asiaten, Schwarze Menschen, für mich als *weißes* Kind vom Dorf meine erste echte Erfahrung von Multikulturalität. Was uns verband, war die Tatsache, dass es selbst in einem Land wie Deutschland, in dem zu leben und einzukaufen vergleichsweise billig war, für die meisten von uns immer noch zu teuer war. Wir brauchten diese Märkte. Durch den Tiwa zu gehen, gab einem ein Gefühl von Zuhause und Zugehörigkeit.

»Das Ende einer Ära« schrieb die Neue Westfälische über die Schließung des Happy Places meiner Kindheit 2017.[33] Eine neue Ära brach für mich an. Als ich im April 2023 in Bad Oeynhausen aus meinem Roman lesen darf, lädt mich eine besonders nette Familie danach zum Essen ein. Plautdietsche, wie ich. Wir unterhalten uns, können nicht aufhören, uns Geschichten zu erzählen, und irgendwann beichte ich ihnen, dass ich zum ersten Mal in ihrer Stadt bin, ausgenommen natürlich, wenn wir zum Tiwa gefahren sind. »TIWA!« rufen sie, »hach, Tiwa.« Warum war uns diese runtergekommene Markthalle so heilig? Warum nur? »Weil wir da unter uns waren«, sagt eine von ihnen.

Heute esse ich nicht mehr nur mit meiner Großfamilie oder anderen Migras. Ich habe gelernt, mich in Räumen zu bewegen, die nicht für mich kreiert worden sind. Ich kann essen gehen, ich kann französische und vietnamesische Begriffe aussprechen und zuordnen. Ich kann in High-End-Burgerläden erklären, dass Buns und Pattys nicht das Gleiche sind. Wo die Serviette hingehört und wie man ein Glas hält. Wenn nicht klar ist, wer die Rechnung übernimmt, habe ich immer genug Bargeld dabei, um mein Essen selbst zu bezahlen. Es ist anstrengend und auch hier suche ich den Augenkontakt der Bedienung, gebe mindestens 30 Prozent Trinkgeld, denn als ich noch gekellnert habe und am Ende des Abends ein Arbeitsessen auf einer Betriebskreditkarte landete, ging ich oft genug ohne Trinkgeld nach Hause. Wenn ich eingeladen werde, denke ich daran, bevor ich gehe, der Bedienung einen Geldschein zu geben.

Es ist auch ein Klassending, klar. Es kann, muss aber nichts mit einem Migra-Status zu tun haben. Es hat damit zu tun, dass ich weiß, wie es sich anfühlt zu bedienen. Ich weiß, wie es ist, sich um kleine Kinder zu kümmern, die nicht deine eigenen sind. Ich weiß, wie es ist, putzen zu gehen. Und ich glaube zu wissen, wie es ist, als Pflegekraft zu arbeiten, auch wenn ich es natürlich nie richtig nachvollziehen kann. Das sind alles Berufe, die traditionell von migrantischen Frauen ausgeübt werden, die dann nach Hause kommen und kochen. Natürlich kochen gerade in migrantischen Familien oft genug die Männer. Zumindest kenne ich es so. Sie müssen es tun. Denn wer im Schichtdienst arbeitet, hat selten Bock, zu Hause sofort hart weiterzuarbeiten. Vielleicht sind wir deshalb mit putzenden Vätern aufgewachsen? Präsenten Vätern? Vätern, die sogar gerne mit uns gespielt haben? Die Diskussion um Care Arbeit, wozu auch Kochen gehört, wird wie so oft aus einer extrem westdeutschen Perspektive geführt, in der Väter oft nur für die Lohnarbeit zuständig sind.[34]

Wir haben uns vielleicht für unser angeblich stinkendes Essen geschämt, aber das eigentliche Food Shaming fand und findet in den Haushalten der Mehrheitsgesellschaft selbst statt. Ich beobachte Eltern um mich herum, die mit ihren Kindern diskutieren, wie viele Bissen von welchem Teil ihres Tellers sie noch essen müssen, damit sie aufstehen dürfen. Auch wenn man das ja nicht mehr sagen soll, aber ich habe sogenannte gute Esser zu Hause. Das bedeutet, dass meine Kinder zu jeder Tages- und Nachtzeit volle Mahlzeiten erwarten.

Der Schock im Gesicht meines älteren Kindes, wenn es abends kaltes Brot mit Aufschnitt geben soll, ist beeindruckend. Mein Mann nennt es »normales Abendbrot«, aber der kocht auch mit Mengenangaben: Bei einem Versuch, ihnen nach einem Rezept kein »normales«, sondern ein warmes, aber gesundes Abendbrot zu bereiten, ein Curry samt Reis, war Letzterer plötzlich alle. Da kam es raus, er hatte wirklich nur die im Rezept angegebene Menge gekocht. Wie immer in einer interkulturellen Beziehung hätte ich nicht gedacht, dass da noch mehr kommen kann. Leute: Er. misst. den. Reis. ab. Mit einer Waage. Ich habe so gelacht, ich konnte nicht mehr. Die Kinder hatten Hunger und ich hatte noch Hack im Au…, im Kühlschrank, also gab es Buletten als zweiten Gang. Dies ist eine ehrlich wahre Geschichte.

An den Tagen, an denen es Senfeier in der Schulkantine gibt, wissen wir, dass das Kind nachmittags ein richtiges Essen braucht, nicht nur Snacks. An den Tagen, an denen die Kinder bei deutschen Freund*innen zu Besuch waren, kalkulieren wir ein, dass sie hungrig nach Hause kommen werden. Einmal hatte mein Kind trockenes Müsli als Snack bekommen.

Gut, die Obsession meiner Leute, und soweit ich das mitkriege, geht es jüdischen, spanischen, italienischen, allgemein postsowjetischen, afrikanischen Migra-Kids ähnlich, ist natürlich auch anstrengend: »Hast du gegessen?«, »Hast du Hunger?« oder »Willst du Essen?« sind da schon die höflichsten Varianten, eigentlich wird das Essen einfach auf den Tisch geknallt und von dir erwartet, dass du es isst. Nachschlag zu verweigern, ist unhöflich, alles zu probieren Erwartungshaltung.

Soweit ich mich erinnern und es aus anderen Erzählungen einschätzen kann, gab es auch keine Einteilung in gutes und schlechtes Essen. Essen war da, um genossen und um satt zu werden. Diskussionen über zu viel Schokolade? Nicht, dass ich mich erinnern könnte. Satt war wichtiger als gesund.

Und vielleicht war man damit sozusagen der Zeit voraus bzw. auf einer Höhe, die die Wissenschaft erst erreichen sollte. Denn moderne Erziehungsratgeber schlagen sogar mitunter vor, dass man den Nachtisch mit der Hauptspeise auf den Tisch stellen soll, damit keine Gewichtung stattfindet. Das Dessert soll nicht als Highlight angesehen, man mit Essen weder belohnt noch bestraft, dem Essen so weniger Macht gegeben werden.

Durch Zufall erfuhr ich vor ein paar Wochen, dass es in deutschen Haushalten mitunter die Regel gab und gibt, dass Süßigkeiten (und Chips) nur am Wochenende erlaubt sind. Ergänzend dazu erzählte mir jemand, dass es in Schweden traditionell die Samstags-Süßigkeiten gibt. Eine Freundin berichtete mir zudem von einem abschließbaren Süßigkeitenschrank, mit dem sie aufgewachsen ist. Und der Vater eines Freundes hatte aus Holz einen Tresor gebaut, in dem die Süßigkeiten aufbewahrt wurden. Der Song »Schokolade« der Kinderband *Deine Freunde* bekommt in dieser Hinsicht eine ganz neue Bedeutung für mich: »Oma gibt mir Schokolade, yeah (…)«. Gegessen wird zu Hause, genascht nur bei Oma?

Dafür, dass bei uns früher Essen und Leben synonym waren, gibt es einen Beweis. Das Gemälde der Malerin Elizabeth Warkentin, das in meiner Küche hängt, zeigt meine Familie an einem Tisch, im Hintergrund ein weißes Metallrohr;

wir sitzen auf Schulstühlen. Das Rohr gehört zu einem Stockbett, die Schulstühle sind nicht aus nostalgiegetränkter Hipster-Motivation gekauft worden, nein, sie standen in der Notwohnung meiner Großeltern. Wir hatten ein rotes Stockbett in unserer. Um den Tisch herum sitzen ich, mein Bruder, unsere Mutter, unsere Tante, unsere Großeltern, unsere Urgroßmutter. Das Bild basiert auf einer Fotografie, die mein Vater gemacht hat. Er fotografierte uns beim Essen. Mein Bruder hält eine riesige Fleischkeule in das Bild, alle lachen. Der Tisch birst vor Speisen.

In einem Gespräch über die deutsche Gasthofkultur wurde mir mal erklärt, dass die Menschen im Ruhrgebiet besonders gerne in Kneipen, Gasthäuser und Restaurants ausgewichen sind, weil die Wohnungen so klein waren. Ich gucke mir noch einmal das Bild an. Die Räume in den Notwohnungen waren zwischen 10 und 15 Quadratmetern groß, manche kleiner. Meine Großeltern lebten mit meiner Urgroßmutter in einem ehemaligen Klassenzimmer, durch das sie Pappwände gezogen hatten, um es in vier Teile zu teilen. In den Gasthof zu gehen, konnte sich aber keiner leisten. Die Bilder aus dieser Zeit, egal aus welcher Notwohnung, zeigen uns nahezu immer an einem Tisch mit Essen, für viel mehr als am Tisch zu sitzen, war ja auch kein Platz. Wir besaßen so wenig, es passte unters Bett.

Ich verbinde meine Kindheit und mein Aufwachsen mit Essen. Ganz frühe Erinnerungen gibt es an Kuhmelken, Butterstampfen und Hühner rupfen. Meine Eltern und älteren Kusengs (sic!) können von geschlachteten Schweinen zur Wurstherstellung berichten.

Gemeinsam zu essen, zusammenzukommen, andere zu füttern, ihnen Essen mitzugeben, zu fragen, was es zu essen gab, ist Anteilnahme, Liebe und Fürsorge. Es ist für viele Familien mit Migrationshintergrund das Letzte, was sie neben ihrer Sprache noch an ihre Herkunft bindet. Etwas, das gerade in bildungsfernen Familien den gleichen, wenn nicht einen höheren Wert als den einer geerbten Brockhaus-Sammlung hat.

Ja, bei vielen deutschen Freundinnen durfte ich auch mitessen. Sehr oft. Kuchen, Frühstück, Abendessen, alles. Wenn ich dann nach Hause kam, wurde ich nicht gefragt, wie es war, ich wurde gefragt, was es zum Essen gab.

»Es gab Rituale, aber wenige Regeln. Manchmal habe ich mir vorgestellt, wie es wohl wäre, solche Regeln zu haben wie die deutschen Kinder: Nur halbe Stunde fernsehen am Tag, nur zwei Süßigkeiten am Tag, bli bla blub.«

Elena Walczyk

»Ich würde aber schon sagen, dass meine Kinder sehr viele Freiheiten haben und sehr viel bekommen, was ich nicht hatte. Das hat natürlich zum einen etwas mit Klassismus zu tun (wenn du schon Schwarz bist, dann musst du zumindest gewisse Statussymbole haben, um als annähernd ebenbürtig wahrgenommen zu werden). Und wir wollen unseren Kindern alle Chancen ermöglichen, die in unserem Einflussbereich liegen. Zum anderen hat es aber auch ganz klar etwas mit Überkompensieren zu tun.«

Regina Feldmann

ALMAN

Bitte sagt nicht mehr Alman. Wenn ihr einmal auf einem Dorffest wart und irgendein Horst in Funktionsjacke sich selbst supi ironisch als Alman bezeichnet hat und dann alle lachten, dieses cringe kriegst du nicht mehr aus deinem Gesicht raus, das ist festgefroren. Das tut so weh, so heftig weh, dass ich direkt Whitney Houston anmachen muss, um meinen Schmerz wegzuheulen.

Die Alman-Memes sind weiterhin top, aber an dem Tag, an dem ihr angefangen habt, den Begriff selbst zu verwenden, ist er für uns kaputtgegangen. Schade.

Und nur damit es mal endlich irgendwo schwarz auf weiß steht: Nicht nur »Alman«, auch »Kartoffel« beschreibt ein Verhalten; nicht jeder Deutsche *ist* eine Kartoffel, man muss sich auch wie eine benehmen. Auch Migras und Ausländer benehmen sich mitunter wie Kartoffeln. Zum Beispiel wenn sie »mitunter« sagen oder auf das Mindesthaltbarkeitsdatum von Salz aufmerksam machen.

»Die Eltern meines Partners hatten lange eine Putzfrau aus Polen – hätte genauso gut meine Mutter sein können.«

Dina Neufeld

»Ich bin so in meiner deutschen Mittelschichtsbubble aufgewachsen, dass ich Rassismus lange nur vom Hörensagen kannte. Bzw. war mir lange nicht bewusst, wo genau Rassismus anfängt und dass schon Aussagen beleidigend sein können, die für mich im ersten Moment völlig harmlos klingen. In der Hauptschule kam meine beste Freundin aus Polen und ich kann mich nicht erinnern, dass unsere Kindheit zu diesem Zeitpunkt besonders unterschiedlich war. Wir waren beide große Fans der Spice Girls und tanzten vor dem Spiegel zu Britney Spears. Ich war immer neidisch, denn bei ihr gab es meiner Meinung nach mehr Markenprodukte, was z. B. Essen oder Kosmetik betraf und ihre Mutter hatte eine Mikrowelle. Meine Mutter hatte Angst vor der Strahlung.«

Mirjam Kunkel

GEBURTENRATE

»Sollte ich Kinder kriegen? Das Internet sagt, ich soll keine Kinder kriegen.«

Meine Freundin möchte keine Kinder. Das stimmt so nicht, sie ist sich nicht ganz sicher, denkt aber, dass ihre Zweifel ein gutes Indiz dafür sind, dass es besser ist, es zunächst einmal zu lassen mit dem Kinderkriegen. Auf Instagram kursiert eine dieser Infokacheln, auf der die Verfasserin, ebenfalls kinderlos, proklamiert, dass die Mutti-Bloggerinnen, oder Insta Moms, Internet-Mütter, wie auch immer wir sie nennen wollen, mitzuverantworten haben, dass sie keine Kinder bekommen möchte. Ich frage meine Freundin, ob ihr ebenfalls das vermeintliche Gejammer der Internet-Mütter auf den Sack geht, ob es daran liegt.

»Nö«, sagt sie erst, und lacht, »obwohl, vielleicht. Dass sie immer betonen müssen, dass sie die Einzigen sind, die über irgendetwas sprechen. Hält man sich im Internet auf, gibt es doch gar keine Tabuthemen mehr, oder? Ich habe das Gefühl, da draußen wird die ganze Zeit über Periode, Fehlgeburten, Kacken bei der Geburt, Abstillen, einfach alles gesprochen. Dass das Kind nicht schläft, dass das Kind krank ist, dass es mit Kindern kein richtiger Urlaub ist. Ich habe noch nicht mal Kinder und mir kommt es so vor, als könne ich nichts Neues mehr erfahren über das Stillen, oder Nicht-Stillen, über Familienbetten, über Eingewöhnung. Weil ich alles schon einmal gehört habe. Also wer 2023 noch behauptet, das hätte ja nie vorher jemand gesagt, hat sie nicht mehr alle. Die Themen sind allgegenwärtig. Ich habe keine Kinder und bin schon gelangweilt. Findet ihr Mütter das ernsthaft spannend? Oder ist das alles Hatescrolling?«

Diese Jeremiaden sind insofern berechtigt, als dass sie Themen wie Carearbeit und Mental Load, die vorher ja nun wirklich niemanden gejuckt haben, einer breiten Öffentlichkeit zugänglich machten. Wie so viele andere bin ich 2017 auf den Comic *Fallait demander* von Emma gestoßen, berühmt geworden in der englischen Übersetzung *You Should've Asked* und nun als *The Mental Load. A Feminist Comic* erhältlich. Das ist gar nicht mal so lange her. Mental Load war danach überall, ist es bis heute. Die unsichtbare Last, die vor allen Dingen Frauen und Mütter in heteronormativen Beziehungen mit sich rumschleppen. Ich glaube, wir alle haben unseren Partnern und Ehemännern die berühmte Liste von Das Nuf (Patricia Cammarata) vorgelesen, weitergeleitet oder ausgedruckt hingelegt. In der Hoffnung, dass sich etwas ändern wird. Für manche tat es das sicherlich. Sei es, dass sie festgestellt haben, dass die Aufteilung einfach nicht fair war und sie sich daher lieber getrennt haben.

Carearbeit ist natürlich kein neuer Begriff, und wer sich mit feministischen Themen etwas länger als (Queen) Beyoncé beschäftigt hat, wird wissen, dass es den Ausdruck schon seit den 1990ern gibt. Doch Obacht! Nur weil der Begriff in akademischen Kreisen existierte, heißt es noch laaaaaaaaaaaaaange nicht, dass die Allgemeinheit etwas damit anfangen konnte. Nun hat ihn die Allgemeinheit und lässt ihn nicht mehr los. Das Internet und die Diskussionen, vornehmlich auf Instagram, beschleunigen Debatten, die dann wiederum in gebildeten Kreisen ankommen, die sich selbst niemals als solche bezeichnen würden. Es werden hoch akademisierte Diskussionen geführt, wird mit Fremdwörtern um sich geworfen und werden Forderungen gestellt, die man am liebsten von Instahausen direkt in den Bundestag katapultieren würde.

Die Diskussion um Carearbeit sollte eine politische sein, eine für alle und eine, die nicht über ein vermeintliches »Jammerthema« von »Muttis im Internet« geführt wird. In einer perfekten Welt kümmern sich die von uns gewählten Menschen in der Politik um diese sehr wichtigen Themen. In einer wahrhaft perfekten Welt sind wir selbst diese Menschen. Doch bis dahin können wir von Glück reden, dass wir Begriffe finden und benutzen für Zustände, die existieren, weil wir sie durchleben. Dass im Umkehrschluss diese Erkenntnisse und das öffentliche »Jammern« darüber bei kinderlosen Frauen dazu führt, dass sie auf Mutterschaft, wie sie im Internet gezeigt wird, keinen Bock haben, kann ich nachvollziehen.

Wenn ihr jetzt glaubt, dass ich das ganz, ganz traurig finde und aufzählen werde, was alles toll ist am Elternsein, um irgendwen zu überzeugen, dann Pustekuchen, wen anders suchen! Niemand sollte Kinder bekommen, der oder die nicht möchte. Soviel Selbstbestimmung trauen wir sicherlich allen Erwachsenen zu. Wer auch nur im Entferntesten einmal von einem kinderlosen Dasein geträumt hat und sich irgendwie echt nicht vorstellen kann, Kinder zu bekommen, bitte, kriegt keine. Ich bin die letzte Person, die euch umstimmen wird, versprochen.

Dann fragen mich aber besagte kinderlose Freundinnen, ob das alles so stimmt, ob es denn »wirklich so schlimm ist«, Kinder zu haben. Ob ich mich in der Aufklärung der Insta-Mütter wiederfinde, die ja so gut wie nie migrantisch, sondern westdeutsch, *weiß*, ohne sichtbare Behinderung, christlich sozialisiert sind. Antwort: selten. Und die Antwort auf die Frage, ob es wirklich so schlimm ist, in ganz kurz: für mich persönlich nicht.

Ich versuche das jetzt aber einmal genauso langsam und en detail zu erklären, wie ich es auch meinen Freundinnen immer erkläre: Wie in dem Kapitel »Kusengs« gesagt, macht es einen großen Unterschied, ob man damit aufwächst, dass alle um einen herum Kinder haben oder Kinder sind – oder nicht. Ich bin sehr bewusst damit großgeworden, dass Kinder dazugehören, aber halt auch, dass es hier keine Entscheidungsfreiheit gibt, es sei denn »es klappt nicht«. Das verursacht natürlich einen ganz anderen Druck. Wenn man sich nicht sicher ist, ob man Kinder will, ist es in diesem Fall nicht nur eine individuelle Entscheidung, sondern eine, die nicht nur den alternden eigenen Eltern das Enkelkindglück verwehrt, sondern eine komplette Ahnenlinie betrügt. Das ist je nach Migra-Status dramatischer, bzw. je nach mennonitischem oder jüdischem Level. Am oberen Ende erwarten einen Zurechtweisungen wie: »Dafür ist deine Uroma nicht im Lager gestorben«. Nachkommen von verfolgten Menschengruppen zu sein, bringt ein ganz eigenes Trauma mit sich, eines, das über Generationen per DNA vererbt wird. Familiengeschichten sind dann nicht immer nur, wie Onkel Gustav mal jonglieren konnte, sondern auch, wer in welchem Lager umkam.

Die höchste Geburtenrate laut OECD in der westlichen Welt? Hat Israel. Frauen dort bekommen mit 27 Jahren ihr erstes Kind. In Deutschland, nur zum Vergleich, lag das Alter erstgebärender Frauen im Jahr 2014 bei 29,5 Jahren. »Kinder bedeuten Leben«, sagt die israelische Psychologin Tali Gogol-Ostrowsky. Sie erklärt: »Jedes Kind ist immer auch ein Verlustausgleich. Früher haben viele ihren Nachwuchs auch ganz bewusst nach Holocaust-Opfern benannt.«[35] Eine andere Israelin, die Soziologin Orna Donath, sorgte vor einigen Jahren mit ihrer Studie *Regretting Motherhood* für Aufsehen. Ich war bei ihrer Lesung und der Abend ist mir bis heute in Erinnerung geblieben. Ich fand und finde es überhaupt nicht abwegig, dass Frauen es bereuen, Mutter geworden zu sein, und verstehe, dass das rein gar nichts mit der Liebe zu ihren Kindern zu tun hat. Ich kann mir auch gar nicht sicher sein, ob es wirklich meine eigene Überzeugung war, Kinder zu wollen, oder ob ich es einfach nie infrage gestellt habe, weil ich es als Basismodul meines Lebens angesehen habe. Kinder waren nicht das Extra, das ich dazu oder abbestellen konnte, sie waren Teil der Ausstattung, serienmäßig.

Insofern müsst ihr entscheiden, wie sehr ihr mir im Hinblick auf die Beantwortung der Frage, ob es wirklich so schlimm ist mit Kindern, vertrauen wollt. Ich habe auch schon oft gesagt: Hätte es den »Regretting Motherhood«-Diskurs gegeben, bevor ich Kinder bekommen habe, wer weiß, ob ich meine gesamte Lebensausrichtung geändert hätte. Obwohl, wahrscheinlich nicht. Ich liebe es, Kinder zu haben und ich habe mir ein System im System gebaut, das für mich funktioniert. Auch, weil ich Glück habe: Meine Eltern leben noch und können und wollen (beides wichtig) ein aktiver Teil im Leben ihrer Enkelkinder sein.

Letztens erst gelesen: Der einzige Parent-Lifehack, der wirklich funktioniert, ist die (willigen!) Großeltern in der Nähe zu haben. Durch den Umzug von der Großstadt aufs Land haben wir unser Stresslevel hart nach unten gebracht. Wären wir in Berlin geblieben, hätte dieses Buch ein anderes sein können. Ich wäre müder, ich wäre erschöpfter, ich weiß nicht, ob unsere Ehe Corona überstanden hätte. Aber jetzt sind wir, wo wir sind und es geht allen gut. Liebe Grüße aus dem Ferienlager.

Zurück zu meinem Background, zum Humus meiner Entscheidung, Kinder haben zu wollen, zu meiner kinderreichen Großfamilie. Über eine solche verfügen natürlich viele nicht. Ich habe deutsche Freundinnen, die haben, bis sie selbst schwanger wurden, noch nie eine schwangere Frau gesehen. Die meisten deutschen Väter, die ich kenne, haben noch nie ein Baby gehalten, bis sie eins gezeugt und co entbunden haben. Für mich als Russlanddeutsche un-vor-stell-bar. Für mich war es aber nicht nur mein Migra-Life, sondern waren es vor allen Dingen meine amerikanischen High-School-Freundinnen, die fast durch die Bank Teenage Moms wurden, die dafür sorgten, dass Kinder quasi schon immer dazugehörten, immer dabei waren. Das war nicht nur gut, wie ich jetzt weiß.

Zum Thema junge Mütter eine kleine Statistik:

> Während [Frauen ohne Migrationshintergrund] im Schnitt 29 Jahre alt sind, wenn sie ihr erstes Kind bekommen, liegt das Durchschnittsalter bei den Müttern mit Migrationshintergrund bei rund 27 Jahren. Besonders früh werden mit durchschnittlich 25 Jahren Türkinnen und Frauen aus der ehemaligen Sowjetunion Mütter.[36]

Je jünger man sein erstes Kind kriegt, desto weniger Geld hat man auf dem Konto, z. B. für neue Babyklamotten, neue Kinderwagen oder irgendwelche Bullshit-Produkte, die sie dir verkaufen, weil du Erstgebärende bist. Dein schmaler Geldbeutel zwingt dich also, Flohmärkte und Kleinanzeigen nicht ergänzend, sondern ausschließlich zu nutzen. Wo, wie wir alle wissen, in den seltensten Fällen tatsächlich viel getragene Kleidung feilgeboten wird, sondern einfach Bodys, die vergessen wurden, zu schnell zu klein waren, etc.

Euer Endgegner in dieser Bredouille – die eigentlich keine ist, denn Secondhand schont Ressourcen, Geld und Nerven – sind übrigens die Migra-Omas, die nun ENDLICH in der Babyabteilung einschlägiger Fast-Fashion-Häuser shoppen können. Es gibt auch welche, die schon Jahre vor der Geburt der ersten Enkelin damit angefangen haben, kleine nutzlose Trenchcoats, Tutus und Tyrannosaurus-Kostüme zu horten; da könnt ihr dann aufgeben, da hilft nichts. Die Klamotten riechen astrein nach Chemie, könnt ihr erst mal drei Mal waschen und dann schwitzt man meistens auch richtig geil als speckiges Sommerbaby, denn 100 % Baumwolle war nicht im Angebot.

Von den jungen Migra-Müttern aus Großfamilien zu den älteren Müttern der heteronormativen Elternschaftsbubble. Denen, die auf Insta die Diskurshütchen aufhaben. Ihr Content ist insofern wenig hilfreich, als dabei weder Bezug auf das eigene Alter, noch, wichtiger, darauf genommen wird, wie alt denn der eigene Nachwuchs gerade ist. Ist nicht relevant? Ist vielleicht die relevanteste Sache in dieser gesamten Angelegenheit. Hier ist eure Gelegenheit, mal so richtig nach dem Alter zu fragen. Wenn ihr also mal wieder einen Post oder Artikel findet, gerne auch einen meiner wütenden Rants, als ich nur ein kleines Kind hatte, dann versucht herauszufinden, wie alt die Kinder sind, um die es der Person geht.

Und hier schmeiße ich mal wieder voller Liebe meine 100 Euro auf den Tisch, schreie ALL IN und sage: Es sind Kleinkinder. Vielleicht auch Babys. Kleinkinder, am besten so zwischen eins und zwei, die sind *the fucking worst.* Ich würde noch 12 Kinder kriegen, wenn ich sie mit einem Jahr abgeben und mit ungefähr zwei Jahren zurückkriegen könnte. Sie schlafen manchmal noch beschissener als Babys, sie können kaum reden, sind aber immer voll sauer oder überglücklich und wollen immer irgendwo hochklettern, damit sie da wieder runterstürzen können. Ugh. *The worst.*

Dieser Zustand, meine werten kinderlosen Menschen da draußen, ist eine sogenannte Phase und, bingo, sie geht vorbei. Sie geht sogar so schnell vorbei, dass man sie sich in schwachen Momenten zurückwünscht, und so entstehen dritte Kinder.

Wenn die Befragten übrigens in Monaten antworten, dir also sagen, dass das Kind 19 Monate alt ist statt »fast zwei« oder »anderthalb«, dann braucht ihr euch gar nicht merken, *wie* klein das Kind ist. Es ist klein. Die Wahrscheinlichkeit ist zudem hoch, dass hier gerade jemand sein erstes Kind bekommen hat. Kein Mensch weiß beim zweiten Kind, wie viele Wochen oder Monate es alt ist.

Nicht nur sollten wir als aufmerksame Freizeit-Internet-Stalker versuchen herauszufinden, wie alt das beschriebene Kind ist, es ist auch hilfreich zu wissen, ob es Geschwisterkinder hat und ob die auch klein sind. In einigen Fällen ist es sogar mehr als möglich, dass es die berühmten »Two under two« sind. Ihr glaubt, das gibt es nicht? Rechnet mal nach, wie alt euer Geschwisterkind ist und fragt eure Eltern, wie geil das war die ersten paar Jahre.

Eher ungeil, Frage eigentlich unnötig. Irgendwer hat sich da draußen mal in einer Höhle hingesetzt und auf ein wahlloses Steintablett gemeißelt, dass es »einfacher« wäre, »alles in einem Abwasch« zu erledigen und, mein Favorit: »Wenn wir eh schon wickeln, dann halt zwei zur gleichen Zeit.« Wie bitte!?

In welchem Universum ist eine Arbeitsleistung, wie z. B. ein Badezimmer zu fliesen, einfacher, wenn man sagt, ich fliese jetzt diese Küche auch gleich mit, zur gleichen Zeit, aber erst wenn das Badezimmer zur Hälfte fertig ist. In keinem, richtig, es sei denn, es gibt genügend Hände zum Fliesen. Wenn ihr aber alleine fliesen müsst, würdet ihr logischerweise erst das Badezimmer fliesen und dann die Küche, nicht wahr? Manchmal hat man keine Wahl, z. B. wenn es in der Küche einen Rohrbruch gibt und man sowieso neu fliesen muss. Die Vergleiche werden hier wirklich nur besser. Rohrbruch, genial.

Ich und mein geheimer Club sind Fans von einem ordentlichen Altersunterschied, das ist unser großes Geheimnis. Und der fängt bei mindestens zwei Jahren an. Oder, um Himmels willen, zu dem Zeitpunkt, wenn du als schwangerer Mensch das andere Kind nicht mehr schleppen musst. Es hat Vorteile, wenn sie sich schon zu cool bzw. zu groß für eine Trage oder den elterlichen Arm fühlen. Es hat außerdem richtig viele Vorteile, wenn sie *verstehen*, dass es ein Geschwisterkind geben wird. Ihr glaubt es kaum, aber dann freuen sie sich sogar meistens auch noch!

»Ja, aber die sollen doch miteinander spielen!« Tun sie. Können sie auch. Aber was sie sicherlich nicht tun, ist miteinander spielen, nur weil sie im ähnlichen Alter sind. Was dann aber sicherlich exponentiell steigt, ist der zu betreibende Betreuungsaufwand, wenn zwei kleine Kinder quasi parallel bespaßt, gefüttert, gewickelt, ich weiß nicht was wollen.

Merke, kleine Kinder sind super anstrengend, das wird besser, chilliger, einfacher. Zumindest im Vergleich. Trotzdem werde ich den Verdacht nicht los, dass manche Leute tatsächlich ein Baby wollen und dann irgendwie überrascht sind, wenn dann nach drei bis vier Jahren eine absolute Persönlichkeit mit eigenen Gedanken vor einem steht. Die werden dann auch relativ schnell zu Mitbewohnern, die kommen und gehen, wie sie möchten, und meckern über Hausaufgaben wie wir früher. Ihr wollt mir sagen, dass Finn Ole schon mit anderthalb wie ein echter, fertiger Mensch vor euch stand? Von mir aus hat Finn Ole das getan. Für alle anderen gilt, irgendwann, circa mit vier Jahren, sind sie wirklich eine Person. Ein zusätzlicher Mensch im Haus, mit eigenen Vorlieben. Und Meinungen! Eure ach so hohe Toleranzgrenze wird getestet werden, wenn die Kleinen das Petit-Bateau-Streifenshirt nicht mehr feiern und plötzlich aussehen wollen wie Fußballer aus Dortmund, doch dazu in einem anderen Kapitel mehr.

Eine Frage, die es wert ist, gestellt zu werden, ist, ob man das Alleinsein schätzt und auch, ob man es braucht. Denn das könnte eine Zeit lang schwer umzusetzen sein; wenn man Kinder bekommt, das überfordert eben auch viele. Für Fans von heteronormativen Beziehungen gilt im Hinblick darauf, wie das so klappen könnte als Familie, nach wie vor der Tipp: Augen auf bei der Partnerwahl. Und Leute, ganz ehrlich, ja man kann seine Partner im Jahr 2023 Sachen fragen, die uns vor zehn Jahren vielleicht noch nicht eingefallen sind. Hier eine komplett neutrale Liste:

- Weißt du, wofür der §218 und §219a stehen?
- Hast du schon mal die FDP gewählt, wenn ja, begründe es bitte.
- Hattet ihr zu Hause eine Reinigungskraft? Wie hieß sie mit Nachnamen?
- Sind deine Eltern geschieden?
- Bist du das jüngere oder ältere Geschwisterkind?
- Glaubst du, dass es dein Leben beeinflusst hat, dass du ein Einzelkind warst?
- Hast du im Internet schon mal einen Artikel kommentiert?
- Wie stehst du zu Black Lives Matter?
- Wie viele deiner Kollegen haben Elternzeit genommen und wie lange?
- Was passiert bei einer Eileiterschwangerschaft?
- Kannst du schlafen gehen, wenn die Küche nicht sauber ist?
- Ganz pragmatisch: Wie stellst du dir Elternschaft vor?
- Sagen deine Eltern das N-Wort?
- Sagst du das Z-Wort?
- Kannst du den Zyklus einer menstruierenden Person vom ersten bis zum letzten Tag erklären?
- Was ist der Unterschied zwischen Zwiebellauch und Porree?

Eine Freundin von mir ist radikal konsequent: Ihr Mann sagt, er wird keine Elternzeit nehmen, also will sie keine Kinder kriegen. Bis er bereit ist, mit ihr über Aufteilung und Verantwortung zu sprechen, will sie nicht schwanger werden.

Ich bin ein bekanntermaßen riesiger Fan der Gen Z und ihrer Art und Weise zu daten. Das führt inzwischen dazu, dass mehr Männer Single bleiben. Zumindest belegen das Zahlen aus den USA: 63 Prozent der 18- bis 29-jährigen Männer sind Single, aber nur 34 Prozent der Frauen.[37] Frauen settlen nicht mehr, sie sehen die *red flags* nicht nur, sie ziehen Konsequenzen daraus und ziehen weiter. Heulen, weil er nicht anruft? Nope. Heulen, weil er keine Windeln wechselt? Nope. Wir haben genug geheult, Gen Z macht alles richtig.

Während Gen X und Y mit Bridget Jones, Cher Horowitz und Carrie Bradshaw mitgelitten haben, ist Gen Z eigentlich Generation Elsa und Vaiana: kein Prinz, keine Hochzeit, kein Bullshit. Jetzt aus Nostalgiegründen noch einmal *Gossip Girl* oder *Gilmore Girls* zu gucken, kann nett sein, aber mit einer 2023-Brille ist da auch jede Menge toxischer Scheiß.

Ja, ich finde, Kinder zu haben, ist etwas Großartiges. Man muss bereit sein, sein Leben zu teilen, sich selbst oft genug, NICHT IMMER, hintanzustellen, und man wird vom System gefickt, aber das sind wir ja gewohnt. Wenn keine Hilfen in Aussicht stehen, muss man sich ein Dorf bauen, mit Freundinnen, mit anderen Eltern, das sollte aber spätestens im Kitaalter eh passieren.

Ganz im Ernst, man kann es wirklich getrost sein lassen mit dem Kinderkriegen und es geht einem genauso gut, vielleicht sogar besser. Was bin ich dankbar für Menschen wie Dr. Gunda Windmüller und Chelsea Handler, die durch kluge Bücher, Podcasts und Comedy bekannt wurden und viel Hass und Gegenwind ertragen müssen für ihr kinderfreies Leben. Kein Mensch »braucht« eigene Kinder, wir alle brauchen Familie, und die können wir uns auch selbst aussuchen.

Ich höre immer wieder, dass man nicht weiß, wie es ist, Kinder zu haben, bis man selbst welche hat. Auf den ersten

Blick ist das richtig. Ganz davon abgesehen, dass sich Umstände und gesellschaftliche Normen sowie Erwartungen stetig ändern; das ist der Sinn einer Gesellschaft, die sich weiterentwickelt. Doch als Migrantin muss ich sagen: Vielleicht wusste ich nicht genau, wie das ist, so ein Level an Verantwortung zu haben oder wie hart man lieben kann, beschützen will, aber ich wusste zu jedem Zeitpunkt ziemlich genau, was mich erwartet. Man kann nicht wissen, wie es ist, Kinder zu haben, aber man kann wissen, wie es ist, eine Familie zu sein.

Trotzdem denke ich, dass der Fortpflanzungsdruck, der auf Migra-Kids lastet, etwas stärker ist. Aus verschiedenen Gründen, aber vor allen Dingen, weil das Kinderhaben in unseren Kreisen immer noch als absolute Erfüllung und Glück angesehen wird, es gibt nichts drüber. Kein Uni-Abschluss, kein Neubau, kein Auto, keine Gehaltserhöhung kann die Enkelkinder-Geburtenrate trumpfen. Während ich das Gefühl habe, dass Deutsche so erfolgreich die Geburtenrate sinken lassen, dass sogar potenzielle Großelterngenerationen ihren Frieden damit geschlossen haben. Würde es bei uns nicht geben. Merke, Kinder sind ein Segen, die Belastung durch Erwerbs- und Carearbeit wird jungen Migra-Eltern gar nicht erst anerkannt. Das sind die Deutschen, die überfordert sind, die sehen Kinder hauptsächlich als Arbeit an. Nicht wir! Wir können noch mehr Druck aufbauen, noch mehr arbeiten, noch mehr schaffen, noch mehr hinkriegen, noch mehr Kinder bekommen. Doch wollen wir das?

Liebe Migra-Kids, wenn ihr also keine Kinder haben wollt, bleibt stark. Euer Kampf ist ein bisschen härter, denkt dran, ihr enttäuscht nicht nur eure Eltern, sondern alle Vorfahren und überhaupt: Was fällt euch eigentlich ein, euer Leben genießen zu wollen?

»Es war und ist IMMER sauber bei meinen Eltern. In meiner Kindheit wurde jeden Freitag geputzt.«

Elena Walczyk

»Viel los an den Tischtennisplatten, hinterm Haus eine große grüne Wiese mit Hausblock dran, dort haben sich alle getroffen. Mütter schmissen Chips vom Balkon.«

Ninia LaGrande

TISCH

Ich erinnere mich gut an das Gesicht des Kindes, in dessen Haus wir zu Besuch waren. Wir saßen beim Abendessen und mein Kind war vielleicht drei Jahre alt – nicht mehr ganz klein, aber noch nicht so richtig groß. Jedenfalls tat es etwas, was das andere Kind staunen ließ. Was da so Spektakuläres passiert war? Mein Kind stand auf, sagte »Danke« und ging spielen. Wir Erwachsenen unterhielten uns normal weiter, doch dem anderen Kind stockte der Atem.

»Wieso darf der aufstehen?«

Was sollte ich denn darauf antworten? War die Frage ernst gemeint? Und überhaupt, war die Frage an mich gerichtet oder an die eigenen Eltern? Ganz davon abgesehen, wieso denn »darf«?

»Weil er fertig ist mit dem Essen.«

Ich stand mächtig auf dem Schlauch und wollte partout nicht verstehen, was das andere Kind konkret wollte. Bis, tja, bis der Groschen endlich fiel. Zu dem Zeitpunkt waren wir mit unserem Kind eher selten bei Menschen ohne Migrationshintergrund zum Abendessen zu Gast. Wir lebten in Berlin, arbeiteten beide Vollzeit und wer abends weggehen wollte, machte das; aber zu dritt taten wir das so gut wie nie. Vor allen Dingen, weil unser Kind ein 19-Uhr-Schläfer war. Ohne hier jetzt groß angeben zu wollen, aber: ein Kind, das sich teilweise um 18:45 Uhr freiwillig ins Bett legte. Da war nichts mit fancy Vernissagen oder Essengehen-Schnickschnack, dieses Kind schlief um Punkt 19 Uhr.

An diesem Abend allerdings waren wir zu Besuch, ganz offiziell. Mit Übernachtung, mit allem Drum und Dran. Es gab Abendbrot, aber ohne Partykontext, sprich, wir waren wirklich einfach zu Besuch bei einer anderen Familie. Wir machten sogar diesen Piep-Piep-Quatsch und wünschten uns allen einen guten Appetit. Ich fühlte mich nicht nur deshalb zurückversetzt in den Kindergarten, sondern auch, weil die kleinen Kinder um mich herum immer unruhiger wurden.

Langsam fingen die älteren Geschwister an, sich gegenseitig zu ärgern, zu scharren, und das erste Glas fiel um. Nachdem mein Kind, welches das Jüngste am Tisch war, also einfach aufgestanden war, blökte das andere Kind noch einmal: »Aber waruuuum?« Meine Antwort schien nicht gereicht zu haben. Die Mutter zischte: »Andere Familien haben andere Regeln, ihr bleibt sitzen.«

Ich war kurz davor zu sagen, also, meinetwegen könnten die restlichen Kinder sehr gerne aufstehen, und erinnerte mich an wundervolle Abende in fremden Kinderzimmern, während aus der Küche das Lachen der Erwachsenen zu hören war, aber ich hatte da so ein Gefühl, dass das nicht angebracht wäre. Es tat mir ja auch wirklich leid, dass mein Kind völlig selbstverständlich aufgestanden war, aber es war in dem Moment zu 100 Prozent das Produkt seiner Sozialisierung und handelte innerhalb dieses Rahmens den Regeln entsprechend, die es von Geburt an kannte. Mir tat es leid, dass diese Aktion Unruhe in die Tischdynamik gebracht hatte, aber noch mehr verstand ich einfach nicht, warum die anderen Kinder nicht aufstehen durften. Das mit dem Sitzen bleiben … warum?

Es war kein regulärer Abend. Wir waren zu Besuch, wir hatten bereits gemeinsam zu Mittag gegessen und Kaffee getrunken, wir würden am nächsten Morgen auch gemeinsam frühstücken. Es war Wochenende. Den gesamten Nachmittag über hatten wir Rehe und Ziegen gestreichelt und hatten auf kalten Spielplatzbänken gehockt. Es gab nicht eine nervige Geschichte, die ich nicht mindestens drei Mal gehört und nicht einen Geschwisterstreit, der sich nicht mindestens drei Mal abgespielt hatte. An dem Abend wollte ich in Ruhe am Tisch sitzen, ein Glas Wein trinken und mich über erwachsene Sachen unterhalten.

Als die Kinder und Männer irgendwann weg sind, frage ich die andere Mutter dann doch: »Sag mal, das mit dem Sitzen bleiben am Tisch, warum macht ihr das?«

»Die essen sonst nicht und wollen dann später wieder etwas essen.«

Ich stutze und erinnere mich an eine halbe Stunde zuvor. Als am Tisch Bissen für Bissen der Kinder nicht nur analysiert, sondern auch verhandelt wurde: »Wenn du noch drei Mal davon abbeißt, dann kannst du später fünf Minuten länger deine Serie gucken.« Puh. Krass. Ist das die Lösung? Jedes Gramm Abendbrot zu kommentieren wie ein WM-Finale?

»Aber wäre es denn so schlimm, wenn sie jetzt nur ein bisschen was essen und später noch etwas? Sie haben Besuch, sie sind aufgeregt, morgen ist wieder Routine. Oder?«

Meine Freundin lacht es zwar weg, aber ihr Blick sagt ganz klar, dass sie diese Idee nicht einmal im Ansatz gut findet. Ich hingegen denke auch noch Jahre später über dieses Thema nach, denn was mir an dem Abend noch nicht klar war, es aber inzwischen wurde: das mit dem Sitzen bleiben am Tisch? Es scheint ein deutsches Ding zu sein.

Ich frage meinen Freundeskreis. Eine höchst professionelle wissenschaftliche Mini-Studie vom Penner-Institut – von locker 20 Leuten mit und ohne Migrationshintergrund, mit und ohne Kinder, hier aufgewachsen oder woanders, hier geboren oder woanders, alles dabei – bestätigt mir meinen Verdacht: Migra-Kinder dürfen und durften aufstehen, wenn sie satt sind. Deutsche ohne Migrationshintergrund mussten wohl früher als Kinder am Tisch sitzen bleiben, und manche handhaben es weiterhin so, andere haben es abgeschafft. Zunächst einmal, Respekt an diese erzieherische Leistung, also an die, bei denen es klappt.

Ich unterhalte mich mit einer weiteren Freundin etwas länger über das Thema. Sie hat ein Kind im Vorschulalter und wundert sich nicht, dass ich die Frage »Aufstehen oder nicht?« interessant finde. Sie hat es selbst gehasst, am Tisch sitzen bleiben zu müssen und wusste, das war etwas, was sie als Mutter unbedingt anders machen wollte. Wenn ihr Sohn satt ist, darf er aufstehen, muss aber woanders spielen, nicht in der Küche. Steht er auf, soll er sich nach Möglichkeit in den anderen Räumen selbst beschäftigen. Will er in der Nähe der Eltern bleiben, muss er am Tisch sitzen bleiben. Ein fairer Kompromiss? Ich frage sie, was sie glaubt, warum das in so vielen Familien mit dem Am-Tisch-Sitzenbleiben konsequent durchgezogen wird.

»Ich glaube, dass es um Quality Time als Familie geht. Wenn man sich den ganzen Tag nicht sieht, keine Zeit miteinander verbringt, dann will man das so lange wie möglich genießen.«

Ob man das Miteinander genießen kann, kommt sicherlich auf die Kinder an, deren Alter, Gemütszustand; es soll ja auch sehr ruhige Kinder geben, habe ich vernommen. Und wenn das funktioniert, *who am I to judge*? Aber mir geht es auch um das Besuchsszenario, nicht um den Alltag anderer Familien.

So ganz durchschnittlich gesehen, wenn man zwei Familien für ein Abendessen zusammenbringt, laufen da vier Kinder rum. Als Kind war ich meistens Teil von Zusammenkünften, bei denen es auch locker sechs, neun oder zwölf Kinder waren. Damals war das so: Die Kinder aßen vorher oder an einem Kindertisch. Niemand hatte Bock, mit den Kindern zu essen, und wenn die Kinder satt waren, dann sollten sie bloß gehen, damit man seine Ruhe hat. Und auch die Kinder sahen das Essen eher als Zwischenstopp, nicht als Main Event. Sie freuten sich also, wenn sie weiterspielen konnten. Das klingt nun wohl wieder alles etwas harsch, doch glaubt mir, für beide Parteien war das eine prima Lösung. Den Erwachsenen aus meiner Kindheit war es zwar wichtig, dass wir essen, aber es war ihnen völlig klar, dass das »gemeinsame« Essen nicht zwingend unsere Priorität war.

Doch woher kommt dieses Verlangen, in Ausnahmesituationen an Regeln festzuhalten, die für den Alltag bestimmt sind? Oder ist das genau der Sinn von Regeln und ich verstehe es nur nicht? Ist das »Kinder müssen auch sitzen bleiben, wenn Besuch da ist« so wie das »An der roten Ampel stehen bleiben, auch wenn es 2 Uhr morgens ist und kein Auto kommt«? Also zunächst einmal, ich bin die Art von Mensch: Ich blinke auch, wenn weit und breit kein Auto zu sehen ist, respektiere also Regeln prinzipiell schon.

Vielleicht war es einfach nur »schon immer so«? Dieses Sitzen bleiben, ruhig sein, es aushalten, auf alle warten zu müssen. Vielleicht denken sie auch: So geht Gemeinschaft. Vielleicht geht es auch darum, Esskultur zu erlernen. Tischmanieren. Damit, wenn man essen geht, die Kinder in der Lage sind, lange sitzen zu bleiben. Das kann sein, oder? Dafür muss der Restaurantbesuch aber auch mächtig Standard sein innerhalb dieser Familien. Shit, ich glaube, mein erster richtiger Restaurantbesuch war im Ungarnurlaub Mitte der 90er. Sprich, wenn man mit Kindern immer nur bei irgendwem zu Hause isst, dann müssen die Kinder auch nicht lernen, lange sitzen zu bleiben, oder?

Ich suche nach mehr Eindrücken aus dem Freundeskreis, und alle haben das Bedürfnis, etwas zu dem Thema zu sagen. Vielleicht bringen euch diese verschiedenen Ansichten ja etwas:

»Niemand wird zu irgendwas gezwungen, nicht zum Aufessen und nicht zum Sitzen bleiben. Aber eigentlich hat sich das meistens eh erledigt mit dem Sitzen bleiben, weil die irgendwann aufs Klo müssen. Meine Oma und Opa sind ja Kriegsgeneration, die kannten Hunger, wie wir das einfach nicht kennen. Mein Opa hat also lang und ausführlich gegessen. Jeder Bissen war ein Geschenk und wurde gefeiert. Der war auch sehr dick irgendwann. Und wir alle mussten so lange sitzen bleiben, bis Opa fertig war. Was besonders an Weihnachten die Hölle war! Immer noch ein Running Gag zwischen meinem Bruder und mir. Was wir auch nicht durften: viel trinken beim Essen.«

»Also das war bei uns früher nur ein Thema, wenn Großeltern (vor allem mütterlicherseits) da waren – oder wir bei denen. Zumindest mussten wir sitzen bleiben, bis die letzte

Person fertig gegessen hatte. Zu Hause war das nicht so streng, da durften wir aufstehen, wenn wir fertig waren, meine ich. Meine Kinder dürfen einfach aufstehen, wenn sie fertig sind mit Essen. Bei der Jugendlichen find ich schon auch, dass sie in der Regel mit uns am Tisch bleiben soll, bis wir so weit sind. Aber nicht als starre, blöde Regel, meistens ergibt es sich eh so. Und wenn sie mal mit der Kleinen früher aufsteht oder dringend ihre BFF anrufen will oder was auch immer, ist das auch total okay.«

Besonders interessant wird es natürlich in Patchworksituationen, bei denen ja potenziell vier Erziehungsansichten aufeinandertreffen können:

»Es gibt drei Szenarien, die ich skizzieren möchte. Erstes Szenario: Die großen Kinder bei uns sind zwischen acht und 14 Jahre alt. Dadurch, dass wir im Wechselmodell leben, sind unsere gemeinsamen Mahlzeiten sowieso schon seltener. Dazu kommt, dass die Kinder tagsüber einfach busy sind, genau wie wir, und deshalb wird bei uns abends richtig groß aufgefahren und damit meine ich: wirklich groß! Von den großen Kindern verlangen wir deshalb Respekt für die Zeit, die wir investiert haben, und außerdem ist das einfach unsere Quality Time als Familie. Ich meine, wir reden hier von einer halben Stunde. Und natürlich wollen die auch irgendwann aufstehen, gerade der Jüngste der älteren Kinder langweilt sich häufig sehr. Tatsächlich ist es dann aber so, dass durch das Festhalten an der gemeinsamen Zeit von 30 Minuten Gespräche entstehen, die sonst nicht entstehen würden. Zweites Szenario: Sind die Patchworkkinder nicht da, sitzt nur der Zweieinhalbjährige mit uns am Tisch. Wenn er denn kommt. Und wenn er nicht mehr will, steht er auf. Das ist aber auch so, wenn die Großen da sind. Ich habe einfach keinen Bock auf den Streit. Irgendwann später werde ich ihn auch mal zwingen, aber noch nicht. Drittes Szenario: Bei Besuch? Scheißegal. Kommt, esst, geht bitte sofort wieder.«

Einer Freundin hat das Sitzen bleiben am Tisch besonders weh getan, sie bezeichnet es rückblickend als Trauma.

»Als ich Kind war: Trauma. Beim Essen alles probieren müssen, obwohl ich wusste, ich hasse es. Mit Tränen in den Augen Bissen runterwürgen. Sitzen bleiben, bis alle fertig waren oder ich irgendwas gegessen hatte, obwohl ich nicht wollte. Die Regeln kamen von der deutschen Mutter, keine Ahnung, wie mein Vater dazu stand. Er hat oft vor dem Fernseher mit Klapptisch gegessen. Heute: Esse ich selber sogar oft nicht mit. Wenn ich mit am Tisch sitze, bin ich oft auch nicht sichtbar. Die Kinder entscheiden, wann sie satt sind. Wenn sie fertig sind, bringen sie die Teller weg, waschen die Hände und spielen so, dass wir anderen weiteressen können. Hm. Was noch? Die fressen den ganzen Tag. Wenn sie nicht völlig ausgehungert sind, essen sie eh nicht alles auf. *So what?* Warum sollen sie sich anpassen müssen? Von den Bedürfnissen der Kinder auszugehen, ist Inklusion und Kompromissbereitschaft. Jeder geht auf den anderen ein. Alles andere ist Adultismus vom Feinsten.«

»Ich versuche tatsächlich, die Kinder so lang wie möglich am Tisch zu halten, damit sie noch irgendwie, irgendwas essen, aber meine Frau (Migra) ist da viel offener. Und ich inzwischen auch. *Choose your battles!* Wir setzen uns zumindest alle zusammen hin. Das ist echt das Minimum. Wir starten das Essen zusammen und essen dann unterschiedlich lang. Manchmal essen die Kinder länger als wir, manchmal nicht. Teller wegbringen und Hände waschen, das sind die Basics, die dann aber nach dem Aufstehen passieren müssen. Wenn die danach friedlich in ihren Zimmern spielen, bleiben wir auch zu zweit sitzen.«

»Für mich das Wichtigste: sich bedanken nach dem Essen. Das höre ich nämlich von deutschen Kindern nie.«

»Oh Gott ja! Ist das Ostdeutsch?!!! Straßenschuhe vor der Tür, dann zack in die Hausschuhe, die im Flur an der Tür stehen.«

Sandra Reichert

»Für lange Zeit dachte ich, mein Schwarzsein wäre gleichbedeutend damit, einzigartig zu sein und damit von Vorteil; dass es mir Chancen ermöglichen würde, die andere Menschen nicht haben. Dieses Gefühl ist jedoch ein Resultat unserer kollektiven Vereinzelung: immer die Einzige zu sein, immer herauszustechen und bestimmte Zuschreibungen allein auszuhalten, all das hat seine Spuren hinterlassen. Manche sprechen mir eine Kämpfer*innennatur zu, aber wie wäre ich wohl geworden, wenn ich mich nicht hätte behaupten müssen? Ich habe früh Handlungsstrategien entwickelt, um mit meinen Minderheitserfahrungen umzugehen, mir blieb ja nichts anderes übrig. Und ich bin mir meines Privilegs sehr bewusst und weiß, dass meine Erfahrungen auf Grund meines deutschen Elternteils noch als milde eingestuft werden können. Was wäre, wenn ich keine Muttersprachlerin wäre, wenn ich keinen deutschen Pass hätte, oder wenn ich dunkler wäre?«

Aileen Puhlmann,
Lieber Social Impact Sektor: Ich bin Müde![38]

HAARE

»Ja, solche Haare will meiner auch, aber das erlaube ich nicht.«

Ich frage sie, was sie meint.

»Na, solche Haare, so Fußballerhaare.«

Fußballerhaare? Ich denke an Beckham und Schweinsteiger. Auch Gomez. In meinem Kopf ihre Tore und Vorlagen bei Länderspielen, auf den Köpfen meiner männlichen Mitschüler: ihre Frisuren. Meine Schulzeit liegt schon Jahrzehnte zurück, ich muss also nach vorne spulen. Klar, Ronaldo, auch Aubameyang, jetzt Mbappé. Fußballerhaare halt, das Trikot reicht schon lange nicht mehr, sie wollen natürlich auch die Haare so haben wie ihre Idole. Aber was ist denn an Fußballerhaaren so schlimm?

»Du weißt schon.«

Nein, weiß ich nicht. Sag mal.

»Es geht nicht um die Fußballer an sich. Es erinnert mich einfach so krass an die eine Familie in unserer Straße, die Söhne haben auch solche Haare.«

Und das ist nicht gut, weil?

»Die sind einfach so richtige ›Assi‹-Ausländer.«

Zum Friseur schaffen wir es meist erst dann, wenn man die Ohren des Kindes kaum noch erkennen kann. Und, für mich nicht unwichtig, wenn das Kind es will. Natürlich habe ich wie jede gute Mutter die Haare meiner Kinder selbst geschnitten, hauptsächlich weil ich viel zu geizig bin, das brauchen wir hier gar nicht zu verschweigen. Der erste Haarschnitt ist in vielen Kulturen ein besonderer Tag. In der Mongolei wartet man zum Beispiel drei Jahre und feiert dann groß mit Familie und Freunden. Sie glauben, dass Haare als Schutz vor bösen Geistern dienen.[39] Fragt mal Samson, der kann da nur müde nicken.

Einmal frage ich meine ebenfalls russlanddeutsche Friseurin, was denn bei ihrem Arbeitgeber so ein Kinderhaarschnitt kosten würde, woraufhin sie nur ihre Augen aufreißt und »Ttsss, so viel wie ein Erwachsener« sagt. Ach, komm. Es ist doch schon teuer genug, eine Frau zu sein. Dann noch Mutter zu werden, macht uns statistisch gesehen nicht reicher – können dann nicht wenigstens die Kinderhaarschnitte bezahlbar sein? Doch bevor mein Bruder seinem Neffen nochmal eine »Sommerfrisur« (Glatze) rasiert, suche ich weiter und werde fündig.

Als Barbershop würde man diesen Laden wohl neuerdings bezeichnen, für zehn Euro kriegt man hier einen Kinderhaarschnitt, steht draußen dran. Wenn wir schon mal in der Stadt sind, verbinde ich diese Nachmittage mit einem Bücherei- und einem Restaurantbesuch. Einfach so, essen gehen, zu zweit, unter der Woche, nur ich und das große Kind. Was für ein Luxus. Mein schlechtes Gewissen bringt mich dann dazu, die immer gleiche Rede über Dankbarkeit zu halten. Dass es nicht selbstverständlich ist, einfach so 20 Euro für eine Pizza und zwei Getränke auszugeben. Es tut mir leid für mein Kind, aber irgendwie auch nicht. Auch Betiel Berhe fragt sich in *Nie mehr leise. Die neue migrantische Mittelschicht:* »Wie schaffe ich es, dass meine Kinder mit den *Möglichkeiten*, aber ohne das *Selbstverständnis* der herkömmlichen Mittelschicht aufwachsen?«

DIESE FRAGE BESTIMMT MEINE MUTTERSCHAFT! Jeden Tag. Wirklich. Eine Möglichkeit für mich ist, mit dem Kind nicht zu einem regulären Friseur für Besserverdienende zu gehen, sondern in den bereits erwähnten Barbershop. Nicht nur, weil ich geizig bin, sondern auch, weil ich mich hier wohler fühle. Warum ist es anstrengender für mich, zu einem regulären Friseur zu gehen? Weil ich dann codeswitchen muss. Weil ich dann zu der Frau Penner werde, die Floskeln benutzt, lächelt, Hochdeutsch spricht. Natürlich werde ich zu einer anderen. Deutsch ist nicht meine Erstsprache. Deutsch ist nicht die Sprache meines Studiums gewesen und Deutsch war die längste Zeit nicht meine primäre Bürosprache, das war in beiden Fällen Englisch.

Deutsch ist für mich wie das Haus, in dem ich lebe. Ich war nicht dabei, als es gebaut wurde, ich kenne zwar die Pläne, sie sind sauber abgeheftet in dem Ordner, der mit »Haus« beschriftet ist, aber bei jeder neuen Renovierung lerne ich dazu und entdecke neue kleine Eigenschaften. Nicht alles werde ich jemals verstehen, über vieles werde ich mich wundern, weil es für mich keinen Sinn ergibt. Es wird vielleicht auch nie ganz mein Haus werden, auch wenn mein Name im Grundbuch steht, aber ich kann darin gut leben, denn ich habe mich an die Zimmeraufteilung gewöhnt. Doch bei jeder Gelegenheit wird mich ein Nachbar, ein Postbote oder ein wildfremder Mensch daran erinnern, wem das Haus mal gehört hat, wer es eigentlich gebaut hat. Manchmal aus ehrlichem Interesse, manchmal, weil sie sich fragen, wie ich mir das leisten kann, in so einem Haus zu leben, das ja eigentlich mal einem Direktor gehört hat. Doch der ist in seinem eigenen Haus gestorben, jetzt bin ich da.

Sitze ich also in einem Friseurstudio, oder bei einer Ärztin, oder auf dem Amt, dann bin ich die Elina, die sich Mühe geben muss. Die klug klingen möchte, gebildet und souverän. Das kann anstrengend sein. Und ja, dann ist es für mich entspannter, einen Anwalt, eine Zahnärztin, einen Friseur zu finden, bei dem ich mehr »ich« sein kann.

Ich fragte mein Kind beim Betreten des Barbershops, ob er die Haare nur geschnitten bekommen möchte oder auch wieder rasiert, wie letztes Mal. Doch aufgrund einer runtergefallenen Kinnlade konnte er nicht sofort antworten. In einem der Stühle saß ein Mann, dem mit einem echten oldschool Rasiermesser nicht nur der beeindruckendste Fade, sondern auch ein Sternenmuster in den Hinterkopf rasiert wurde. Sternschnuppen, wohlgemerkt, mit schwächer werdendem Schweif.

»Das. Das will ich, Mama.«

Ich hatte keinen Konter parat, außer, dass da 20 andere

Jungs saßen und wir zwar einen Termin hatten, aber trotzdem nicht so viel Zeit. »Also, er macht dir bestimmt gerne ein Muster rein, aber was der Mann da hat, ist Kunst und das schaffen wir heute nicht, guck mal, wie viele da noch warten.« Das verstand er und während des Schneidens und Rasierens konnte er es nicht erwarten, das alles ganz genau anzugucken.

Der Haarsalon, der Barbershop – sich die Haare machen zu lassen, ist mehr als sich nur die Haare machen zu lassen.[40] Alice Hasters widmet Haaren in ihrem Buch *Was weiße Menschen nicht über Rassismus hören wollen aber wissen sollten* zu Recht ein ganzes Kapitel, denn gerade für Schwarze Frauen sind Haare verbunden mit Stolz, Selbstwertgefühlen, Stigmata, vor allen Dingen durch eurozentrische Schönheitsideale.

Seit ich denken kann und Teil des Beyhive bin, kenne ich die Geschichte von Beyoncés Mutter und ihrem Haarsalon. Im August 2021 wird ein Interview mit ihr in Harper's Bazaar veröffentlicht, in dem sie sagt:[41]

»Ich habe selbst miterlebt, wie ein Salon zum Zufluchtsort für Frauen wurde. Ich habe dabei zugesehen, wie meine Mutter diese Frauen in ihrem Salon gepflegt und geheilt hat, nicht nur, indem sie sie schön aussehen und sich schön fühlen ließ, sondern indem sie mit ihnen sprach, ihnen zuhörte, mit ihnen eine Verbindung einging. Ich habe gesehen, wie sehr die Emotionen Schwarzer Frauen mit unserem Haar und unserer Schönheit verbunden sind.«

Haare sind politisch. Und bevor ich allzu weit aushole und über ein Thema referiere, von dem andere viel mehr Ahnung haben, möchte ich nur betonen, dass, vor allen Dingen bei Schwarzen Kindern, Haare niemals »nur Haare« sind. Wenn ihr euch hier selbst weiterbilden möchtet, empfehle ich das Buch *Mit Kindern über Rassismus sprechen*, das Rosa Mag, die Netflix-Serie *Colin in Black & White* über Colin Kaepernick oder das Kinderbuch *Hair Love* aus dem Mentor Verlag.

Ob und wie unsere Haare aussehen, sagt viel über uns aus. Ob wir es uns leisten können, unsere Haare so aussehen zu lassen, dass wir gesellschaftliche Anerkennung oder zumindest Akzeptanz erfahren dürfen, ist ein mehr als relevantes Thema. Doch in dem Moment, in dem meinem Kind die Haare geschnitten und rasiert wurden, dachte ich nur darüber nach, was ich noch erledigen muss – als er plötzlich strahlend und frisch frisiert vor mir stand.

»Mach mal ein Foto für Papa!« Machte ich, schickte es auch direkt noch an die Großeltern und ein paar Freundinnen. Womit wir wieder beim Anfang der Geschichte wären.

»Ja, solche Haare will meiner auch, aber das erlaube ich nicht.«

Solche Haare von solchen Leuten. Erst sind es »die Fußballer«, dann die »Assi-Ausländer«. Die sie zwar zu Nachbarn hat, die ihr aber als ein abschreckendes Vorbild in Sachen Frisuren für ihren Sohn dienen. Mit dem Fußball ist das so eine Sache. Ob 2006 oder 2014, gefeiert werden »unsere Jungs«, wenn sie erfolgreich sind. Dann werden sie als perfektes Abbild unserer multikulturellen Gesellschaft hochgehalten, doch wehe dem, der nicht ordentlich mitspielt beim Slalom zu Germany's Next Beliebtester Sportler. In seinem Statement zum Rücktritt aus der deutschen Fußballnationalmannschaft erklärte Mesut Özil 2018 auf Twitter: »Ich bin Deutscher, wenn wir gewinnen, und ein Immigrant, wenn wir verlieren.« Und das sagt viel aus über unsere Gesellschaft.

Lassen wir die komplette Diskussion um diesen Rücktritt außen vor und nehmen uns nur diesen Satz vor. Da das hier keine hochjournalistische Arbeit eines Wissenschaftsmagazins ist, sag ich es mal so: 2018 fand ich diesen Satz extrem geil. Die Attitude, das absolute *fuck you* dieser gesamten Geste, herrlich. Und warum? Nun, wer in diesen Jahren auch nur ab und zu Fußball geguckt hat, dem wird vor allen Dingen eins aufgefallen sein: Mesut Özil redet nicht wirklich viel. Ein Stiller, würde man sagen. Kommt zur Arbeit, bereitet Tore vor, lächelt, beißt ins Nutellabrot, ein Vorzeigearbeiter, ein Vorzeigetürke, nicht wahr? So wollt ihr ihn haben (abzüglich der politischen Nähe zum Quasi-Diktator).

Ich frage mich in solchen Situationen immer, was alles passieren muss, damit jemand wie Mesut Özil so ein Statement abfeuert. Ich würde vermuten, einiges. Es ist nicht nur Alexander Gauland, der 2016 öffentlich sagte: »Die Leute finden ihn als Fußballspieler gut. Aber sie wollen einen Boateng nicht als Nachbarn haben.« Er meinte übrigens Jérôme Boateng. Es sind nicht die bösen Nazis. Es sind nicht die »wenigen Chaoten« (so nennt ihr Sportkommentatoren die doch immer) in den Stadien, die Bananenschalen werfen, die Affengeräusche machen, die auch nicht erst bei Länderspielen laut werden.

Es ist Alltag für Migras. Das Ankommen, das Erklären, das Nachreichen, das Einreichen, das Abstempeln, das Versprechen, das Durcheinanderbringen, das Vergessen, das nicht-Wissen, das Kontrollieren, das Nachfragen, das Beleidigen. Das Nicht-gut-genug-Sein und das Sich-Wundern, ob das mal anders wird, für die eigenen Kinder, die nun bald in dritter oder vierter Generation in Deutschland leben, natürlich Deutsche sind. So deutsch, dass sie für die Nationalmannschaft spielen. Deutschland zum Weltmeister machen! Für Deutschland, ist das nicht fantastisch?

Ein Kevin Großkreutz kann in eine Hotellobby pinkeln, mit einem Döner werfen und überhaupt, Kevin Großkreutz sein, er kriegt sicherlich etwas Häme und auch Witze ab, aber stellt euch vor, İlkay Gündoğan hätte das gemacht. Hat er nicht. Merken wir uns das.

Da wo ich lebe, haben so gut wie alle Jungs diese Fußballerhaare. Vielleicht nicht ganz kurz rasiert, aber auf jeden Fall sehen sie alle gleich aus mit ihren CR7-Frisurimitaten. Ich hatte mir bis zu dem Kommentar meiner Freundin keine Gedanken über Haare gemacht; was auf dem Kopf meines Kindes passiert, ist Angelegenheit meines Kindes. Meine Freundin und ich diskutieren.

»Das ist nicht politisch korrekt von mir, aber ich will, dass mein Kind Bullerbü-Haare hat. Da bin ich halt auch Arschloch.« So ergänzt sie ihre Erklärung, warum sie nicht will, dass ihr Kind solche Haare wie mein Kind hat. Ich verstehe sie, denn als mein Kind klein war, fand ich nichts süßer auf der Welt als diese langen, blonden Haare. Doch mein Kind ist in der Grundschule und ihr Kind nochmal zwei Jahre älter.

Wieso also dieser Zwang, bestimmen zu wollen, wie die Haare des Sohnes aussehen?

»Ich würde behaupten, dass es meine persönliche Vorliebe ist und dass ich das wirklich einfach schöner finde, aber das weißt du ja nie wirklich, vielleicht passe ich mich meiner gesellschaftlichen Prägung an?« Gute Frage. Wahrscheinlich. Und diese Prägung bedeutet dann, dass lange Haare bei Jungs süß sind und kurze Haare mit Blitz »asozial«? »Ja. Sorry.«

Das erste Mal, als ich das Kind entscheiden ließ, war auf dem Marheineke-Spielplatz, als es einen Hahnenkammhaarschnitt bei einem Radfahrer gesehen hat. In Rot. Die Besessenheit von diesem Haarschnitt war sofort da. Nun, er musste eh zum Friseur. Er kriegte diesen Hahnenkammhaarschnitt und war nie glücklicher. Mit vier Jahren. Body Autonomy, *you know*.

Was für uns keine große Sache war, wurde nach wenigen Minuten ein Spießrutenlauf durch die Bergmannstraße bis zum Viktoriapark. Denn nicht nur die Omis und Opis schüttelten den Kopf, auch vermeintlich coole junge Eltern blickten entsetzt auf den Schopf des Jungen. Dazu trug er noch ein Lacoste-Polohemd, es ergab keinen Sinn. Mein Kind merkte nichts davon.

Doch mir wurde zum ersten Mal bewusst, dass die Haare meines Kindes und damit mein Kind selbst von der Umwelt wahrgenommen werden, wenn er denn nicht wie Michel aus Lönneberga aussieht. Ein Hahnenkammhaarschnitt ist schon extrem, das ist mir klar, dennoch sind es auch in dem Fall »nur Haare« – dachte ich.

Doch selbst ein simpler Fade scheint für manche Menschen ein Trigger zu sein, sie assoziieren ihn mit Ausländern, Russen, »Assis«, »Ghetto« – oder halt Fußballern.

Das, was ich aus diesen zwei Situationen gelernt habe, und mir vorher nicht bewusst war: Den Passanten ging es nicht um die Entscheidung des Kindes, weil sie nicht davon ausgegangen sind, dass die Frisur der Wunsch des Kindes war. Internalisierter Adultismus. Sie sahen mich als die Schuldige, als die Anstifterin, schließlich bin ich als Mutter dafür zuständig, wie das Kind aussieht. Es kann einfach unmöglich der Wunsch eines Kindes sein, so aussehen zu wollen, also muss es mein Egoismus sein, mein Kind »cool« aussehen zu lassen.

Doch es wird noch besser.

Laut meiner Berliner Bubble ist mein Mangel an Autorität, ihm einen »guten« oder »anständigen« Haarschnitt aufzuzwingen, die Stunde meines Versagens als Millennial-Bullerbü-Öko-Mutti. Mein Migrationshintergrund ist für sie interessant, solange es Pelmeni für 14 Euro im *Pasternak* gibt, aber nicht, wenn der frisch rasierte Kopf meines Sohnes über die Knaackstraße läuft. Es wird noch neugierig nachgefragt, wenn herausgefunden wird, dass ich aus einem anderen Land komme, das nicht Schweden oder Frankreich ist, aber rumgedruckst, wenn ich von den negativen Stereotypen der russlanddeutschen Community spreche (genau das gleiche Drucksen übrigens, wenn ich nach den Nazigroßeltern frage). Dostojewski haben sie alle vergöttert, Capital Bra finden sie problematisch – wobei es am Ende beide aus verschiedenen Gründen sind.

Interessant, wie schnell die gesellschaftliche Wahrnehmung eines Haarschnitts sich ändern kann und ein Kurzhaarschnitt bzw. Fade urplötzlich die Zugehörigkeit zu einer »sozial schwachen« oder »einkommensschwachen« Klasse anzeigt, gepaart mit einem Migrationshintergrund. Was vor 50 Jahren noch ordentlich war, ist jetzt »ghetto«. Ist es die eigene Prägung, in den 70ern oder 80ern aufgewachsen zu sein und »solche« Haare mit der Vergangenheit der eigenen Familie zu assoziieren? Oder ist es wirklich einfach hübsch verpackter Ausländerhass?

Mir wurde mal wieder bewusst, dass wir sehr viel über die Erziehung unserer Mädchen reden, aber selten über die Jungs.

Wenn ein Mädchen keine Kleider mag, dann ist das so, aber wenn ein Junge Kleider mag, wird es schwierig. Wenn ein Junge unsauber schreibt, dann wird das hingenommen, denn Jungen sind so, und wenn ein Junge sich in der Schule kloppt, auch, denn so sind Jungs. Es wird ihnen erlaubt, dreckige, vergessliche, unselbstständige Kinder zu sein – und Männer zu werden.

Nur bei den Haaren sind wir … mmmhh, wer sind wir dann? Bildungsbürgermuttis? Wannabe-Öko-Muttis? Die trotzdem bei H&M und Zara einkaufen, aber nur die Sachen in altrosa und beige? Und die Pullis der Jungs dürfen keine Bagger oder Paw-Patrol-Hunde draufhaben, aber Paddington oder Puh der Bär wäre ok? Autsch. Heuchelei? Selbstdarstellung? Kanonisierung von Frisuren und Kleidung?

Die Body Autonomy der Kinder führt dazu, dass Kinder in Windeln rumlaufen, bis sie »bereit« sind, sich nicht mehr einzuscheißen, aber hört dann bitte bei den Haaren auf, denn die haben rebellisch hübsch locker flockig zu wippen beim Gehen über den Mauerparkflohmarkt (oder das RAW-Gelände). Damit die Mütter der Freundin beim Matcha Latte, schallend lachend, kopfschüttelnd entgegnen können, dass sie es ja schon problematisch finden, dass Wildfremde denken, ihr Sohn sei ein Mädchen. »Nur weil er lange Haare hat.« Hahahahaha, voll crazy, Charlotte, diese furchtbaren, vorurteilsbehafteten Fremden!

Das harte Männlichsein, das in vielen migrantischen Communities vorherrscht, wird verbunden mit einer Antipathie gegenüber »Mädchenhaaren« bei Jungs. Genauso, wie ein entfernter Cousin mal behauptet hat, »Malen ist schwul«. Uhm. Da sitzt du dann, bei einer Hochzeit, und denkst dir, wo fang ich denn da an? Völlig überspitzt: Mein Sohn ist also ein schlechter Russe, wenn er lange Haare hat und eine schlechte Kartoffel, wenn er einen Fade hat?

Vorurteile fangen im Kleiderschrank an und gehen beim Friseurbesuch weiter, auch wenn wir immer hören, »›es sind doch nur Haare«. Der Mann meiner Freundin arbeitet bei der Polizei. Ich kann nur hoffen, dass er nicht denkt, Jungs, männliche Teenager und junge Männer mit Sternen im Hinterkopf wären »assi«.[42]

» Als ich meinen russischen Freund gefragt habe, was wäre passiert, wenn er mit Straßenschuhen die Wohnung betreten hätte, sagte er, dann gab's Vitamin Remenj. Ich habe immer ganz selbstverständlich meine Schuhe anbehalten, das hat aber den Grund, dass das Haus meiner Eltern eiskalt ist und einen Steinboden hat. Mittlerweile sage ich aber auch ›Schuhe aus!‹ wenn jemand meine Wohnung betritt. Wobei ich mich selbst nicht dran halte. «

Mirjam Kunkel

» Bevor es mit dem Bau unseres Gartenhauses losging, hielten meine Eltern mit den angrenzenden Nachbarn Rücksprache, ob es für sie bzgl. Abstand und Position ok ist. Alles ok. Top – wir bauten, alle zusammen, unser Gartenhaus. Es stand, sah gut aus und wir waren stolz. In der Zwischenzeit erkundigten sich die Nachbarn beim Bauamt, scheinbar war die Stelle nach Paragraphwasweißich doch zu nah am Nachbargarten. Und so bauten wir alles wieder ab und wenige Meter weiter wieder auf … Hauptsache nicht anecken. Typisch – ja für was? Migras? «

Elena Walczyk

MIKROWELLE

Kennt ihr das Berliner Bibster-Epizentrum? Das Grimm-Zentrum? Bibster sind Bibliothek-Hipster, so nannte man die überaus stylischen Studierenden, die es sogar in den SPIEGEL geschafft haben, 2013. Gut, also wenn ihr das Grimm-Zentrum kennt, stellt euch das Gegenteil vor. Da sitze ich gerade. Es ist 2012, und ich befinde mich in der wunderschönsten Bibliothek der Welt, kein Beton, nein, von allen Studierenden wird dieser Raum der Bibliothek nur Harry-Potter-Raum genannt. Er gehört zur Main Library und heißt eigentlich »McGregor Room«, doch das tut nichts zur Sache. Dunkles Holz, gemütliche Ohrensessel, dicke, flauschige Teppiche, ich fühle mich wirklich wie in Hogwarts, doch was ich eigentlich tun soll, ist, meine Kursinhalte für diese Woche vorzubereiten.

Ich unterrichte Deutsch an der University of Virginia, einer der besten öffentlichen Universitäten der USA. Es ist ein 202 Deutschkurs, was bedeutet, dass die Studierenden entweder seit vier Jahren Deutschunterricht haben oder ihr Deutsch gut genug ist, um in diesen Kurs gesteckt zu werden. Theoretisch sollten sie alle fähig sein, sich mit mir auf Deutsch zu unterhalten. Tatsächlich verstehen sie alle recht viel, viele von ihnen haben schon einmal in Deutschland gelebt oder haben einen deutschen Elternteil, manche sind Military Brats.

Es sind typische NOVA Kids, nicht nur wohlhabend, sie sind reich, *weiß*, superschlank und kommen (fast) alle aus Northern Virginia. Das bedeutet, dass sie extrem *competitive* sind. Von 100 Bewerber*innen aus NOVA nimmt die UVA nur 24 an, 15 Prozent kommen aus anderen Bundesstaaten, die Übrigen aus dem Rest von Virginia, sprich aus dem eher religiösen und konservativen Süden, in dem ich mein High

School Diploma erhalten habe. Meine High-School-Freunde aus der Zeit können kein Deutsch, waren noch nie in Europa und manche noch nie richtig weg aus dem Bundesstaat.

Meine *graduation* ist fast 10 Jahre her, schließlich ist es 2012, und ich bin mit 25 Jahren zwar nur fünf Jahre älter als meine Studierenden, für sie aber dennoch steinalt. Zwischen uns liegen Welten. Auf ihre Bitten hin, mich bei Snapchat anzumelden, kann ich nur lachen und versichern, dass ich mich dafür zu alt fühle. Mein Kurs ist fantastisch, sie sind ehrlich interessiert und wollen was vom Leben in Deutschland erfahren. Vor zehn Jahren wurde ich noch gefragt, ob wir asphaltierte Straßen hätten, nun fragen sie eher nach Rap Songs, die sie runterladen können, auch nach Filmen.

Ich präsentiere ihnen also alles von *Wir sind Helden* bis *Sonnenallee*, Bushido, aber auch *Die Sendung mit der Maus*. Jede Woche überlege ich mir aufs Neue, was eigentlich Deutsch ist, und jede Woche kann ich das alles wieder nicht so richtig glauben. 20 Jahre zuvor noch im Auffanglager, jetzt unterrichtet sie Deutsch an einer Elite-Uni und belegt Kurse an der Law School. Wie kann das sein?

Ich singe Kinderlieder mit den Studierenden, muss dabei auf den Text gucken, natürlich weiß ich nicht, wie der geht. Ich muss Kleinigkeiten googeln, aber kann souverän von meinem Land erzählen. Für die Amis war das noch nie ein Big Deal, dass ich nicht in Deutschland geboren, aber auch nicht russisch bin. Für sie ist Immigration rational in dem Moment abgeschlossen, in dem du entweder in dem Land geboren bist oder wie bei mir in einer deutschen Familie aufgewachsen bist.

Mennonites kennen sie, können dir sogar sagen, wo der nächste mennonitische Wochenmarkt ist. Es ist ein unkompliziertes Leben, wenn ich in den USA bin, ich bin dann einfach ich. Elina aus Deutschland. Die Identität des German Girl fühlt sich gut an, ich verstehe schon, warum Heidi Klum und Steffi Graf lieber hier leben.

Ich muss mich an keinen echten Lehrplan halten, ich muss ihnen nur die gleichen Grammatikregeln beibringen wie der

202 Kurs meiner Kollegin. Manchmal sprechen wir uns ab, wenn uns mal wieder nichts einfällt, man kann ja nicht immer super kreative Lehrinhalte entwickeln. Doch diese Woche habe ich richtig Bock. Ich werde ihnen etwas von Deutschland erzählen, was sie nie wieder vergessen werden. Und tatsächlich habe ich sogar Aufgaben zum Thema gefunden, ich bin also nicht die Erste, die es als relevant ansieht, über Mikrowellen zu sprechen.

Fernsehkind, Omakind, Arbeiterkind, Schlüsselkind, alles feine und treffende Komposita, aber vor allen Dingen bin ich ein: Mikrowellenkind. Dass ich zunächst, als Kind, Essen aufzuwärmen lernte und dann, als Jugendliche in den USA, wieder und anders Essen mit der Mikrowelle zubereitete, hat bei mir viel Liebe für das Gerät hinterlassen. Ich mache Rührei für einen Frühstücksbagel in der Mikrowelle, Popcorn, *obviously*, jede Sorte YumYum und musste in Virginia wohl oder übel auch Teewasser dort erwärmen, da die wenigsten amerikanischen Haushalte einen Wasserkocher haben, schon gar nicht einen elektrischen.

Ich weiß nicht mehr, wie ich auf das Thema gekommen bin oder ab welchem Zeitpunkt mir klar wurde, dass keine Mikrowelle zu haben die Vorstufe davon darstellt, bewusst auf den Fernseher zu verzichten. Viele, die sich zu Beginn ihrer Beziehung gegen einen Fernseher aussprachen, haben inzwischen klein beigegeben und sich einen dieser versteckten geholt, die tagsüber irgendein Gemälde zeigen oder ein Feuer oder so. Damit es nicht auffällt, dass man einen Fernseher hat. Doch fragt man die Leute, wo denn die Mikrowelle sei, kannst du so richtig Verwirrung in ihren Gesichtern erkennen. Sie stammeln, wissen nicht, was du meinst, was genau du brauchst. Und dann, natürlich, ganz schnell die Information, dass sie, natürlich!, keine Mikrowelle haben.

Die Studierenden glauben mir schlichtweg nicht und sagen, ich lüge. Das sei ein Aprilscherz, ich verarsche sie, das ergebe doch überhaupt keinen Sinn. Selbst Motelzimmer haben Mikrowellen, sie können sich eine Küche ohne Mikrowelle nicht vorstellen. Baked Potatoes? Haben wir in der Mikrowelle gemacht.

Wurde die Mikrowelle aus deutschen Küchen verbannt, weil man Angst hatte vor der Strahlung? Berechtigte gar? Ich frage das Internet. Alle sind sich einig, wer nicht unbedingt ein Gerät aus den 80ern benutzt, kann völlig unbedenklich in der Mikrowelle zubereitetes Essen zu sich nehmen. Sagt auch Margret Morlo vom Verband für Ernährung und Diätetik (VFED) in Bocholt.

Und wisst ihr was, laut Statistischem Bundesamt nutzen auch drei Viertel aller deutschen Haushalte eine Mikrowelle. Woher dann also mein Eindruck, in meinem Freundes- und Bekanntenkreis hätte niemand eine? Das wäre dann wohl wieder die sogenannte Bubble. Gymnasium auf dem Land, Studium der Geisteswissenschaften, Freundinnen ohne Migrationshintergrund, später Freundinnen, die sich gerne verunsichern lassen, die eine Mikrowelle als zu gefährlich einstufen und sie spätestens während der Schwangerschaft entsorgen.

Vielleicht besitzen ja jetzt mehr Leute eine Mikrowelle, wahrscheinlich gibt es keine Erhebungen aus den 90ern. Wir haben übrigens keine mehr. Mein Mann war kein Mikrowellenkind und hat in 11 Jahren drei Mikrowellen ruiniert. Ich vermisse sie jeden Tag.

»In Russland hatten wir ein Haus und einen Hof, in Deutschland kamen wir ohne alles an – und lebten die ersten Jahre in einem Zimmer mit Stockbett, einem Schrank, einem Sofa (als Schlafplatz für die Eltern) und einem Schreibtisch. In der Notunterkunft war es natürlich laut. Heute wohnt in dem Haus eine Familie, in den 90ern wohnte pro Zimmer eine Familie, wer mehr als zwei Kinder hatte bekam zwei Zimmer.«

Dina Neufeld

»Ich war geschockt, als ich älter war und das erste Mal gesehen habe, wie unhygienisch meine deutschen Peers bei der Essenzubereitung waren und mir dann sagten, dass sie das zu Hause nicht anders gelernt hätten.«

Anonyma

FEUER

Triggerwarnung
(Rassistische Morde/Verbrechen der Shoah)

»Schere, Messer, Feuer, Licht, sind für kleine Kinder nicht.« Dieses Sprichwort kennen wir alle, ich kenne es auch als plautdietsche Version, da heißt es »dürfen kleine Kinder nicht.« Wir lieben klare Regeln. Undenkbar wäre es gewesen, dass mir früher ein Streichholz gegeben worden wäre, also staunte ich nicht schlecht, als meinem ersten Kind im Kindergarten der Umgang mit Zündholz beigebracht wurde. Jeden Tag durfte ein anderes Kind eine Kerze im Morgenkreis anzünden.

Ich staunte ebenfalls über einen überraschenden Umzugsfund. Der Kauf unseres Hauses war an einen Deal geknüpft. Die Eigentümer gingen noch einmal 5000 Euro runter, wenn wir es selbst ausräumen würden. Beide Parteien waren damit zufrieden. »Hey, so viel kann es nicht sein!« Aber nach den ersten Tagen wurde klar: doch. Es war richtig viel Zeug. Wir haben ein wunderschönes Wort dafür im Plautdietschen, Prell, es steht für Kram, Zeug, aber im Sinne von wirklich unnützem Müll.

Teil dieser Mitgift war ein Plastiksäckchen mit kleinen metallenen Gegenständen. Es war mitten im Sommer, und ich kam nicht drauf, was diese Dinger sein könnten. Mein bevorzugtes Rechercheobjekt im Hinblick aufs Deutschsein, mein Ehemann, musste es mir erklären, es waren Kerzenhalter für den Weihnachtsbaum. Natürlich.

In meiner Erinnerung kamen in den 90ern pünktlich zur Adventszeit die Warnungen im TV: bloß keine Kerzen unbeaufsichtigt brennen lassen. Das galt vor allen Dingen für den Adventskranz, aber auch für den Weihnachtsbaum. Echte Kerzen! Auf einem echten Baum, schön ausgetrocknet. Ich kenne keine Familie mit Migrationshintergrund, die in Innenräumen oder Autos geraucht hat, aber ich kenne viele Deutsche, die ebendas taten, Kette oder auch Pfeife! Dieses Bild von jemandem, der mit brennender Zigarette im Mund auf dem Sofa eingeschlafen war, war das ein Vorabendserienklischee oder war es Realität? Das verschwimmt manchmal in meinem Migra-Kopf, kommt davon, wenn man Alltagsgewohnheiten von Familien ohne Migrationshintergrund nur von GZSZ kennt. Jedenfalls, diese Adventskränze waren irgendwann staubtrocken, ich bin mir sicher, dass es imposante Feuer gegeben haben muss. Ist das der Grund, warum hierzulande die Weihnachtsbäume so spät wie möglich aufgestellt werden, weil sie dann frisch genug für echte Kerzen sind?

Wir sprechen über offensichtliche Unfälle, so wie es ein Unfall ist, wenn man betrunken ein Auto gegen den Baum fährt. Kann sein, dass nichts passiert, wenn man sich mit mehreren Promille hinters Steuer setzt, kann aber auch sein, dass man andere umbringt, nicht nur sich selbst. Dass die Wohnung brennen könnte, wenn man kleine Mini-Feuer entfacht, ist also per definitionem ein Unfall, den man in Kauf nimmt. Echte Kerzen an einem echten Baum sehen einfach so viel schöner aus. Alles für die Besinnlichkeit. Gebrannt haben übrigens auch andere Häuser, in denen gewohnt wurde. In Hoyerswerda. Rostock-Lichtenhagen. Lübeck.

Wurfbrandsätze sind in Deutschland verboten. Wäre jetzt auch seltsam, wenn nicht, aber sie sind vor allen Dingen deshalb verboten, weil »die möglicherweise tödliche Folge eines Treffers dabei vom Werfer zumindest billigend in Kauf genommen wird.«[43] Es geht um den Vorsatz. Merke, Kerzen zündet man mit Vorsatz an, um eine besinnliche Atmosphäre für Jesu Geburt zu schaffen, Brandwurfsätze mit dem, denen da oben mal zu zeigen, was man von der Flüchtlingspolitik hält. Bei beiden Vorsätzen können grundsätzlich Menschen durch Feuer sterben, die Wahrscheinlichkeit ist bei terroristischen Brandanschlägen aber deutlich höher.

Ich frage mich, ob das Anzünden von Unterkünften ein

deutsches Ding ist, wahrscheinlich nicht. Wahrscheinlich ist es ein rassistisches Ding. Rassismus tötet weltweit. Aber es ist ganz besonders feige, gerade nachts. Es bedarf einer speziellen Sorte Hass, um Wohnhäuser anzuzünden, selbst Al-Qaida wollte nach Anschlägen die Props für ihre Morde haben, rechtsterroristische Brandstifter schaffen nicht mal das. Die meisten Brandstiftungen bleiben ungeklärt, bis heute.

So lange ist das alles gar nicht her. 1991 bin ich nach Deutschland gekommen, im gleichen Jahr starb Samuel Yeboah bei einem Brandanschlag in Saarlouis. Der Prozess läuft jetzt, im Mai 2023, über 30 Jahre später. Und er hat bisher kein Ergebnis.

Ich war ein Kind, gelebt habe ich in einer sogenannten Notwohnung, meine ganze Familie war in solchen Unterkünften untergebracht.

»Seit erheblich mehr Aussiedler und Spätaussiedler sowie Übersiedler aus den Staaten des Warschauer Pakts nach Deutschland kamen, stieg die Zahl der Angriffe auf sie: 1988 gab es vier Brandanschläge gegen Aussiedlerheime, neun gegen Unterkünfte für Asylbewerber. Zwei davon konnten aufgeklärt werden. 1989 gab es 19 vermutlich politisch motivierte Brandanschläge auf Flüchtlingsunterkünfte. Elf davon trafen Asylbewerberheime, drei Ausländerheime, drei Aussiedlerheime, je einer ein Umsiedlerheim und ein Übersiedlerheim.«[44]

Die Videos, die man jetzt noch angucken kann, weil es ja gar nicht so lange her ist, zeigen die brennenden Häuser, aber vor allen Dingen die Deutschen, die drum herumstehen, in Farbe.

Klar sehen die vollkommen »normal« aus. Wie soll man denn aussehen, wenn man etwas angezündet hat, in der Hoffnung, dass Menschen sterben? Oder wenn man »einfach nur« mal zuguckt, während Menschen sterben? In den USA wirft man Eier und Klopapier an die Häuser, um zu zeigen, dass man die dort lebenden Menschen nicht mag.* In Deutschland

* Dort werden genauso Brandanschläge verübt, ich weiß.

fackelt man halt ein Haus ab. Eine besonders effektive und wie gesagt feige Art und Weise, seinen Unmut durch Mord zu zeigen. Fast unmöglich, es nachzuweisen, wenn alle schweigen. Aber die Bilder von den brennenden Unterkünften, die wirken.

Denn immer, wenn wieder irgendwo eine Unterkunft abgebrannt ist, wenn ein sogenannter »Ausländer« bzw. eine Person, die für die Angreifer durch ihr Aussehen als ein solcher wahrgenommen wird, totgeschlagen wurde – oder wenn mal wieder Terroranschläge vereitelt/ausgeübt/versucht wurden –, kommen die Deutschen mir ihrer Lichterkette. Mindestens genauso medienwirksam, sieht ebenfalls schön aus im Fernsehen und auf Fotos. Betroffenheit, manchmal Tränen, in der Hand eine Kerze. Es wird betrauert, dass es so weit kommen konnte, was für eine furchtbare Katastrophe, ein Unglück, naja, oder halt Mord.

Ich frage mich, ob diese Familien Weihnachten auf ihre Weihnachtsbaumkerzen aus Bienenwachs (besser für die Umwelt) schauen und dabei auch an brennende Häuser und schreiende Familien denken. Oder an Oury Jalloh.

Böse Menschen verbrennen ja nicht nur andere Menschen, sie verbrennen, ganz schlimm, auch Bücher! Das schwarzweiße Bild der brennenden Bücher ist ein gutes für den Geschichtsunterricht, man guckt es an und redet über die Nazis der Vergangenheit, Mensch, was die nicht alles verbrannt haben. Früher.

In meinen ersten Sommerferien nach Abschluss der ersten Klasse fuhren wir in ein Land in Osteuropa, das jetzt gehypt wird und wo früher niemand hinwollte außer uns Aussiedlern. Auf dem Weg dahin fiel meinen Eltern wohl auf, dass sie quasi an Auschwitz vorbeifuhren. Sie nutzten die Gelegenheit. Es war ein unmenschlich heißer Tag. Meinem Bruder war es zu heiß, er blieb in der Nähe des Autos mit meinem Onkel. Ich ging rein, in das »Freilichtmuseum«, wie meine Eltern es nannten und schaute sie mir an, die Kammern, die Öfen, das Behandlungszimmer von Mengele. Danach kauften wir ein Postkartenset, ich nahm es am ersten Schultag nach den Sommerferien mit in den Unterricht, wir sollten etwas vorzeigen, das vom Urlaub erzählte. Ich habe das Postkartenset sogar noch. Ich bin mir nicht sicher, ob der Großteil meiner deutschen Klasse wusste, wer Hitler war, aber hey, ich konnte es ihnen ja erzählen!

Für mich herrschte an dem Tag vor allen Dingen Erstaunen darüber, was da passiert war, es wurde nichts beschönigt oder verschwiegen. Meine Eltern verstehen bis heute nicht, dass diese Geschichte ein perfektes Beispiel für Migra-Erziehung ist. Für sie war es schlicht eine gute Gelegenheit, an einen Ort zu gehen, an dem Geschichte passiert war. Um den Beweis dafür zu sehen, dass es geschehen war, und um sich schlichtweg weiterzubilden. Es war Geschichte, und warum sollte eine Siebenjährige nicht alles über sie erfahren? Was sollte es mir schaden, zu lernen? Es war Geschichte!

Als Migra-Kind über die Verbrechen der Nationalsozialisten zu erfahren, hat natürlich noch einen ganz anderen Effekt. Die eigenen (Ur-)Großeltern waren von 1933 bis 1945 mit großer Wahrscheinlichkeit ganz woanders, in meinem Fall in einem Lager der Sowjets, ähnliche Bedingungen, weniger Öfen. Man schaut also auf die Verbrechen einer Gesellschaft – und weiß, dass die eigene Familie zum Zeitpunkt der Verbrechen nicht Teil dieser Gesellschaft war. Auf der Klassenfahrt nach München in der zehnten Klasse durfte ein Besuch in Dachau nicht fehlen, wenige Monate zuvor war ich im Rahmen des Stipendiatenprogramms des Bundestags in einem Arbeitslager in Niedersachsen gewesen.

Bei beiden Besuchen guckte ich mir auch die Häuser drumherum an. Meistens waren das erstaunlich nette Stadthäuser, zuweilen sogar Villen. Bei den Besuchen als Teenager fand ich nicht unbedingt die Baracken am schlimmsten oder das Lager an sich, aber die Wohnhäuser drum herum, die kriegten mich. Die Gasthäuser, die Kneipen, sofort Kopfkino: *Das wussten die, die wussten das alle, die müssen das gewusst haben.* Ich komm vom Dorf, ich lebe in einer dorfähnlichen Kleinstadt, wenn es eins gibt, was die Leute können, dann ist es Bescheid wissen.

Das heißt, wenn nachts einer oder mehrere Richtung Aussiedler/Umsiedler/Asyl-Unterkunft gehen, der Unterkunft, die früher mal ein Gasthof war, in dem gefeiert wurde, auch 1939, und wenn da ein Feuer gelegt wird – das kriegt doch irgendwer mit. Vielleicht wollen es die umher Wohnenden ja so, dass das Asylantenheim brennt. Wenn auf dem Land Flüchtlingsunterkünfte errichtet werden, in einer Gegend, in der die meisten dort Lebenden niemanden kennen, der auch nur annähernd Migrationshintergrund hat, dann findet der weitaus größte Teil der ansässigen Bevölkerung das doof.

Sie fanden mich auch doof. Sie haben mir Kakao in den Schulranzen gekippt, immerhin besser als die Wohnung anzuzünden. Ganz lange wurde gesagt, »die« können ja herkommen, aber es müssen echte Geflüchtete sein, die wirklich gefoltert wurden oder so. Und sofort Deutsch lernen! Ordentlich arbeiten gehen. So haben sie es von den Russlanddeutschen verlangt, oder wir von uns selbst? Es ging immer darum, so still, so leise, so angepasst wie möglich zu sein. Wir haben unsere Vornamen eindeutschen lassen und unsere weißen Klinker würden wir am liebsten noch mit der Schallzahnbürste putzen. Wenn man das alles macht, wenn man dann ein guter Ausländer ist in Deutschland, dann reicht es immer noch nicht ganz.

Die meisten, die aus der ehemaligen Sowjetunion kamen, waren immerhin *weiß* genug, um zu den »guten« Ausländern zu zählen. Am besten, sagte einem die Mehrheitsgesellschaft, man fühlt sich gar nicht erst wie ein Ausländer! Denn Ausländer, das sind die anderen, nicht wahr? Die nicht blonden, die schon länger da waren, aber denen man mit allen Mitteln gezeigt hat, dass sie bloß nicht hierbleiben sollen. Stell dir mal vor, wir gründen alle zusammen einen Club.

Familien, in denen mindestens ein Elternteil einen türkischen Migrationshintergrund (443 000 Familien) hat sowie

Familien mit Zuwanderungsgeschichte aus der ehemaligen Sowjetunion (402 000 Familien), darunter überwiegend Spätaussiedlerinnen und Spätaussiedler, machen mit 18 bzw. 17 Prozent den größten Anteil an den Familien mit Migrationshintergrund aus.[45]

Bozhe moi, könnt ihr euch das Essen bei den Clubtreffen vorstellen?

Dazuzugehören ist tricky. Wir werden nie dazugehören, nicht wirklich, das geht ja gar nicht. Es geht auch vielen schon lange nicht mehr darum, die jüngere Generation ist weiter. Inzwischen sind es andersherum die Charlottes, die blackfishen und die Sebastians, die vietnamesische Kochkurse besuchen.

Zugehörigkeit ist wie ein Puzzle, die Teile sind alle schon da. Sie passen, sollen da bleiben, wo sie sind. Aber was soll man mit Teilen machen, die überhaupt nicht zu diesem Puzzle gehören? Passend machen? Zuechtschneiden? Ist doch auch kacke.

Und was heißt denn überhaupt integrieren? Einen Deutschen heiraten? Abi machen? Studieren? Mitglied im Trachtenverein werden? Macht sich ja auch kein Nicht-Ausländer Gedanken darüber, wie man ein »guter Bürger« wird. Wählen wäre super. Steuern zahlen. Ehrenamt durchziehen. Voll gut, dann wären wir ein Land voller bürgerlicher Exzellenz. Aber ist ja nicht so, Menschen dürfen suboptimal sein. Und faul. Demokratie ist auch, wenn Leute keinen Bock haben zu wählen. Ist ihr Recht.

Ganz lange habe ich mir zum Beispiel Gedanken gemacht, weil ich zu laut, zu »assi«, zu fröhlich war. Anpassen wäre super, dachte ich. Vielleicht empfand ich, unbewusst, auch eine Bringschuld, ist so ein First-Born-Migrant-Daughter-Phänomen. Doch dann, dann studiert man an diesen krassen Universitäten, auch im Ausland, unterrichtet da gar noch, schreibt einen Roman, und in der eigenen Heimatstadt sagt mir der Moderator auf meiner Buchpremiere, ich könne ja dankbar sein. Für alles, was ich machen durfte. Bisschen lebensmüde, so etwas in einem Raum voller Russlanddeutscher über 1,95 m zu sagen, aber wir sind ja alles Integrierte.

Da hat sich ein bisschen was geändert, in der Stimmung, bei uns jungen Leuten. Wir fragen nicht mehr, »ob wir dazugehören«, wir stellen es nicht infrage, noch besser, wir haben unsere eigene Identität entwickelt. Wir müssen nicht dazugehören, wir machen unser eigenes Puzzle mit neuen Herausforderungen.

Zu diesen gehört es, Kinder groß werden zu lassen, die verschiedene Hintergründe haben, hier geboren sind, hier aufwachsen und einen Elternteil ohne Migrationshintergrund haben. Nennen wir diesen der Einfachheit halber den mit Nazihintergrund, es ist spät und »ohne Migrationshintergrund« nun wirklich eine lange Formulierung.

Der Urgroßonkel meiner Kinder väterlicherseits war bei der Waffen-SS, man kann ihn googeln. Er war also ein richtiger, waschechter Nazi, wie man es aus Hollywoodfilmen kennt. Mit ein Grund, warum wir unseren Lieblingsvornamen beim ersten Kind nicht nutzen konnten.

Ursula Ott schreibt in *Das Haus meiner Eltern hat viele Räume* über die Generation der Kriegskinder und wie diese »kalte Häuser« kreiert haben, ein Zuhause, in dem Gefühle nicht erwünscht waren, und wie dadurch Kälte entstand.

> »Wir Deutschen dürfen nicht leiden, denn wir haben anderen noch viel größeres Leid zugefügt. Die Kriegskinder waren dann oft unfähig zu starken Emotionen, waren hart zu sich selber und zu ihren Kindern. Sie konnten sich nie richtig freuen, denn sie hatten verinnerlicht: ›Wenn es uns zu gut geht, dann bestraft uns das Leben.‹ Ihre mangelnde Emotionalität kompensierten sie mit Turbo-Leistung, mit einzigartigem Ehrgeiz, mit übertriebenem Sicherheitsdenken.«[46]

Für mich vor allen Dingen deshalb interessant, weil ich es direkt auf Russlanddeutsche, Aussiedler und Spätaussiedler übertragen könnte. Das, was mich an den Ausführungen stört, ist das Wort »einzigartig«. Ott erklärt später, dass es Deutschen auch darum ging, »ihre emotionalen Defizite mit Arbeit zu betäuben.« Und mit Zeug. Das gleiche Zeug, das wir in unserem neuen, auszurümpelnden Haus fanden, das zwar erst Ende der 1970er Jahre gebaut worden war, allerdings von Kriegskindern.

Es ist immer schwierig, wenn nicht unmöglich, über eine komplette Generation zu schreiben. Tendenzen gibt es natürlich dennoch, und genauso, wie ich durch meine Herkunft lerne, was kulturell bedingt und was Frage der Persönlichkeit ist, genauso lerne ich über Deutsche um mich herum, warum sie so ticken.

Wer sich außerhalb des eigenen Kulturkreises fortpflanzt, für den bedeutet das, auch darüber zu sprechen, dass Oma und Opa Nazis waren. Oder Urgroßeltern. Oder sind, je nachdem.

Wir haben einen künstlichen Baum mit einer Lichterkette. Statt einem Adventskranz gibt es ein Adventsschwein aus Holz; das kann auch brennen, wie wir schon festgestellt haben. Nur sehr langsam, es kokelt eher. Die Faszination für Feuer ist wahrscheinlich bei allen Kindern gleich stark. Ein Sprichwort sagt: »Drei Dinge kannst du ewig anschauen: Feuer, Wasser und Kinder.« 2040 werden 40 Prozent aller in Deutschland geborenen Kinder Migrationshintergrund haben. Dann wird dieses Buch hoffentlich schon längst unnütz sein.

» Kannst du ganz allgemein erzählen, wie deine Kinder jetzt aufwachsen?« »Ganz anders als ich. Sie kriegen keine Schläge (LOL), Spaß beiseite. «

Anonyma

» Mein Freund hat griechische Wurzeln, ich bin Russlanddeutsche. Wir haben eine Art Grundverständnis für das Upbringing des jeweils anderen. Common ground? Ich bin jedenfalls unglaublich dankbar dafür. Ich muss ihm nicht viel erklären, was Familie und gewisse Ansichten betrifft. Ich habe keine Angst verurteilt zu werden für meine Herkunft und Familie. Er hat sofort reingepasst. So ging es mir auch mit seiner Familie. «

Anonyma

EINSCHULUNG

Vor Kurzem habe ich das Malbuch gefunden, das in der Schultüte meines ersten Kindes steckte, unbenutzt, natürlich. Wer packt auch ein Malbuch in eine Schultüte? Früher, also vor ein paar Jahren, wusste ich es nicht besser. Ich hätte das Ding bis oben mit Schokolade und Lego vollstopfen sollen und boom zack, fertig ist die Laube. Hinterher ist man immer schlauer, nicht wahr? Und eigentlich gehört in eine Schultüte ja vor allen Dingen der ganze Kram rein, den man so benötigt in der Schule. Aber, mindestens genauso witzig, die Schultüte selbst haben wir Eltern dann beim Kaffeetrinken gehalten, die durfte nämlich nicht mit rein in die allererste Unterrichtsstunde. Was mit rein durfte, war natürlich der Ranzen. Das Prachtexemplar. Der heilige Gral und gleichzeitig der Schlüssel zur Büchse der Pandora. Wenn wir Eltern durch sind mit der Recherche für Kinderwagen, Babytragen, Beistellbettchen, die ersten Paar Schuhe und Kindersitze, dann bleibt nur noch der Schulranzen und die Kinder können endlich »aus dem Gröbsten raus sein«.

In nicht-migrantischen Kreisen wird Einschulung mehr als ein Zustand denn als ein Ereignis gehandelt. »Wir haben dieses Jahr Einschulung« ist dann das neue »Wir sind schwanger«.

Zunächst wird einem einige Monate vor dem eigentlichen Event vom Amt und von der zukünftigen Schule Bescheid gegeben, dass die Einschulung ansteht. Und wenn man das vermaledeite Internet mal beiseitelässt, würde man mit den vom Amt geschickten Listen genug zu tun haben und auch ausreichend vorbereitet sein. Allem voran, das steht da schwarz auf weiß – ist aber den meisten klar, ohne dass sie jemand darauf aufmerksam machen müsste –, braucht man eine Schultasche.

Man benötigt aber nicht irgendeine Schultasche, nein, unter deutschen Eltern ist es weit verbreitet, sich auf die Suche nach der *perfekten* Schultasche zu begeben. Es ist ein echter Kult um den Ranzen, ein Kampf, mit dem ich im Jahr der Einschulung erstmals konfrontiert werde.

Wie so oft bei Angelegenheiten der interkulturellen Verständigungsproblematik konsultiere ich in einem solchen Fall den einen Deutschen ohne Migrationshintergrund, der meistens in der Nähe ist: meinen Ehemann. Meine Frage, wie immer pointiert, weil Kürze, Würze:

»Was geht mit dieser Schulranzenobsession von euch?«

Er guckt mich an wie ein westfälisches Brot und lacht. »DAS frage ich mich auch.«

Mein Mann schwankt gern zwischen Über-Alman und Möchtegernmigrant und analysiert dann in bester Bildungsbürger-Manier seinen inneren Loriot bis zum Erbrechen. Man macht schon was mit als Migrantenmutti mit Kartoffelkindern und -mann. Schwieriges Leben, hömma.

Zurück zur Schulranzenquest. Als die beginnt, fühle ich mich wieder wie schwanger. Denn wie in der Sekunde, in der du erfährst, dass du schwanger bist, ist es auch vorbei mit dem Frieden und den Eierpfannkuchen, wenn dein Umfeld von der Einschulung deines Kindes erfährt. Alles wird kommentiert und angefasst. Einschulung, Schwangerschaft, *same same but different.*

»OB. WIR. DENN. SCHON. EINEN. RANZEN. HÄTTEN?«

Ich schwöre, über ein halbes Jahr vor der eigentlichen Einschulung beginnen am Wohle deines Kindes interessierte Krähen auf selbiges einzuhacken: »Hast du schon einen Tornister?«, »Freust du dich?«, »Dann startet der Ernst des Lebens!«

So ziemlich jeder Mensch ohne Migrationshintergrund, den wir kennen, hat erst das Kind, dann uns nach dem Ranzen/Tornister gefragt. Vokabeln, die wir dem Kind daraufhin erklären mussten, weil wir es mit dem Thema zuvor in Ruhe gelassen hatten. Eine Schultasche also. Nein, hat es nicht, antwortet es dann maximal desinteressiert, während es mich hilflos anguckt wie jemand, der einfach nur flüchten möchte. *You and me both,* Schatz, aber das habe ich alles schon einmal durchgemacht und zwar 1991, auch wenn das ganz genau genommen natürlich keine Flucht war, sondern eine Umsiedlung. Aber noch mal Auffanglager, argh, weiß nicht, Schatzi, du bist etwas zu verwöhnt für prekäre Verhältnisse.

Ich mag das ja wirklich gar nicht, wenn Erwachsene Kinder nerven, dann auch noch solche, die nicht die Eigenen sind. Lass mein Kind in Ruhe und red' mit deinen eigenen Enkelkindern, wenn du welche hast, Monika. Sicherlich ist der Wunsch nach Smalltalk menschlich, aber es gab Zeiten, da reichte in Minden und Umgebung ein »Mmmmmh«, »Joah«, »Ne«, »Ach« und »Sag bloß«. Make Smalltalk ostwestfälisch again, bitte.

Wir hatten auch drei Monate vor der Einschulung noch keinen sogenannten Ranzen, was bei anderen Eltern mit Einschulkids zu Schnappatmung führte. Soweit ich mich erinnern kann, konnten wir uns auch partout nicht merken, wann die Einschulung genau stattfinden würde, bis wir zum allgemeinen ersten Elternabend gingen. Da wurden einem dann alle Infos geliefert. Auch den Migrantenmuttis und -vattis, die nicht seit Monaten mit Dünnschiss vor Aufregung rumliefen, weil Einschulung ist. Excusez-moi, sein wird.

»Üben Sie mit dem Kind jetzt wirklich schon den Schulweg!«

Ok, das ergibt Sinn, wirklich.

»Und üben Sie, die Schnellhefter ein- und auszupacken. Machen Sie ein Spiel daraus! Sagen Sie dem Kind, jetzt den roten, dann den blauen!«

Tasche packen, ja, auch sinnvoll. Aber mit dem Kind üben, den roten Schnellhefter rauszuziehen? Als Spiel? Freu mich jetzt schon drauf, das vorzuschlagen. Denke, wir können sofort das gesamte Playmobil und den Beamer rausschmeißen, es wird seine Freizeit nie wieder anders verbringen wollen. Revolution im Spielzimmer!

Das sind so die Momente, in denen ich ohne Scheiß, wirklich, ganz im Ernst nach den Kameras suche, nach einem erfolglosen C-Promi, der gerne Ashton Kutcher wäre und rumspringt und »Punk'd« schreit. Kutcher ist sehr glücklich mit Mila Kunis verheiratet, die aus der Ukraine kommt. Deren Ehering hat 200 Dollar bei Etsy gekostet, und auch sonst können wir alle von dieser Migrantenmutti viel lernen.

Beim Elternabend wurden aber auch kluge Dinge von der Lehrkraft in Richtung Muttis und die zwei Quotenväter gesagt. Zum Beispiel, dass die Kinder nach der Verabschiedung am Tor wirklich, ja wirklich, den Weg allein ins Klassenzimmer finden. Dann hat sie so heftig gezwinkert, dass ich mir kurz Sorgen gemacht habe. Zumindest hat sie versucht, den besorgten Eltern zu vermitteln, dass sie schon klarkommen werden, also die Kinder, bei den Eltern weiß man es nicht. Für mich eine Sorge weniger, die ich nie hatte.

Das hat alles nichts damit zu tun, dass ich irgendein Bedürfnis hätte, mich als besonders cool darzustellen. Ihr vergesst, wirklich coole Leute haben das nicht nötig. Etwas mehr zu tun hat es mit einer Art Ist-mir-egal-Einstellung. Über die verfügt man einfach, oder sie stellt sich mit der Zeit ein: Immer und immer wieder begegnen mir Texte und Videos, in denen ältere (also Ü30) Frauen gefragt werden, was sie ihrem jüngeren Ich raten würden. Die Antwort ist fast immer, dass einem mehr egal sein sollte. Wirklich egal, zum Beispiel, was andere von einem halten. Als Mutter ist das beim ersten Kind noch sehr schwer, wenn nicht fast unmöglich. Beim zweiten wird es besser, und ich begann in dieser Lebensphase zu verstehen, warum Menschen absichtlich mehr als zwei Kinder bekommen. Ganz viel von dem, wovon man glaubt, es sei so unfassbar wichtig beim ersten Kind, ist beim zweiten nicht mehr relevant. Kinderwagen? Mozarts Musik? Salzfreier Kartoffelbrei? Kein Zucker? Shirts mit Schrift oder Zahlen (mein Favorit)? Alles egal. Das Kind beißt? Egal, wird auch vorbei gehen. Das Kind schläft immer noch im elterlichen Bett? Egal, wird schon. Das Kind krabbelt oder läuft noch nicht?

Zum Glück! Egal, egal, egal. Alles, was man mit der Zeit lernt, ist, wie egal die meisten dieser in Stein gemeißelten Glaubenssätze und Regeln sind. Die vermeintliche Coolness ist also ein Mix aus Erfahrung und Erschöpfung, auch nur einen einzigen weiteren Fick zu geben.

Zumindest resultierte der Elternabend darin, »fucking Schultasche kaufen!!!« auf die Einkaufsliste mit den zigtausend anderen Dingen zu schreiben. Was da noch so steht, fragt ihr, holde Kita- und Lange-aus-dem-Alter-raus-Eltern? Nun, unter anderem »Tuschkasten«, aber bitte von Pelikan, haltet euch fest, weil die Farben dann intensiver sind. Bleistifte? Bitte die Stabilo EASYgraph; wenn man die nicht als Angebot im Non-Food-Discounter kauft, sind das 2 Euro pro Stift. Insgesamt, ganz grob gerechnet, mindestens 50 Euro, eher mehr, für die Einschulungserstausstattung.[47] Also wirklich nur für den Kram IN dem Schulranzen. Als gute Insta-Woke-Warrior weiß ich:

DAS IST KLASSISMUS.

Wie unanständig von mir, nicht direkt an dem Abend etwas in meine Insta-Blase zu raunen. Das ist die Etikette neuerdings, richtig? Wenn einem etwas Unangenehmes auffällt, tweetet, postet, posaunt man. Geschieht dies in der Hoffnung, dass valide Gefühle wie Wut und Enttäuschung gehört und gesehen werden, oder um Klicks und Likes zu generieren, die langfristig Rabattcode-Kooperationen zugutekommen? Doch das ist ein Thema für sich.

Es hätte ja doch keinen Unterschied für die Sozialhilfeempfänger*innen an der Grundschule meines Kindes gemacht. Bisschen krass find ich das schon. Ich bin ja nicht die Einzige, der das auffällt und während ich mich noch drüber lustig machen kann, dass ich 2 Euro für einen (!) Bleistift zahlen muss, können sich jedes Jahr weniger Eltern eine Schulausstattung leisten, schon gar keine fancy Einschulung.

Ganz im Ernst, dürfen Schulen so etwas? Markennamen bei den Pinseln, Bleistiften, Buntstiften und Pastellkreide angeben (Wachsmaler sind wohl inzwischen nicht mehr en vogue)? Ein Wunder, dass auf der Liste bei Turnschuhen nicht Gucci steht. Am Ende führt dieser Anspruch zu einem Blick nach links und rechts: Warum hat das Kind einen anderen Füller, eine andere Sorte Tuschkasten als ich, sind meine Farben wirklich intensiver? Und bekommt das Kind mit den weniger intensiven Farben eine schlechtere Note?

Bezahlen muss man nicht nur den Kram zum Schreiben, sondern auch die Bücher. Zack, wieder 20 Euro. Plus 50 Cent für den Lutscher, weil ich an solchen Tagen ein sentimentales Opfer bin, das als Kind nie spontan was Süßes an der Kasse gekriegt hat.

In der Buchhandlung werde ich direkt angeschrien: »UMSCHLJJEEEGE?« Ich bin kurz davor, zurückzuschreien, dass sie sich glücklich schätzen soll, dass ich den Akzent der guten Frau dank meines Migrationshintergrundes überhaupt verstehe, aber antworte stattdessen gewohnt höflich »Für die Bücher Umschläge?« Prollig bin ich ja meist nur, wenn ich schreibe, in echt bin ich voll handzahm und lieb. Aber hauptsächlich, weil ich Menschen, die in der Pflege, in der Gastro, im Tourismus, im Einzelhandel und im ÖPNV arbeiten, extrem hart respektiere. Wenn ich könnte, würde ich jedes Mal ein »Yes Ma'am« hinzufügen. Wenn ich eins hasse, dann Personen, die eklig gemein zu Kellnerinnen oder Kassiererinnen sind.

Die Kassiererin guckt mich nun an, als wäre ich inkompetent, woraufhin mir nur einfällt zu sagen: »Wir haben Einschulung, ich mache das gerade alles zum ersten Mal.« Sie versteht augenblicklich und schreibt in beeindruckend schöner Handschrift »mit Umschlägen« auf meinen Bestellzettel. Ich erkenne diese Post-Ost-Handschrift, schließlich ist es die gleiche, die meine Entschuldigungen schrieb.

Nach all diesen Besorgungen war der wichtigste Akt immer noch nicht vollzogen. Das glückselig spielende Kind will natürlich nicht vor den Laptop und einen Ranzen aussuchen. Es will weiterhin spielen, und zwar eher nicht mit bunten Schnellheftern, unfassbar.

»Wir müssen das jetzt machen, sonst geht die Welt unter

oder das Dorf ruft das Jugendamt, weil du immer noch keinen Ranzen hast!«, schreie ich. »DANN BLEIB ICH HALT IM KINDERGARTEN!«, schreit das Kind zurück. »Sag einfach eine Farbe!«, schreie ich. »Grün!«, schreit das Kind. Das Problem an großen Häusern ist, dass man eigentlich permanent schreien muss. Deshalb hatten die früher immer so ein Interkomding.

Grün. Nä, komm, grün ist nicht immer die schlechteste Wahl, aber die grünen Ranzen sind alle ein bisschen ugly. Ich gehe also mit dem Laptop zum Kind. Berg, Prophet, mmhja. Das Kind guckt. »Das da mit dem Raumschiff.« Geil, fertig. Ach guck, noch den Sportbeutel, und so einen Regenschutz und diese Dingerchen da.

Warte. 300 Euro?????? Gut, dass anscheinend Großeltern mehr als scharf darauf sind, diese Tornister zu bezahlen, aber kann ich dem Kind nicht die gleiche Schultasche gebraucht kaufen und Mutti kriegt eine neue Tasche für die restlichen 250 Euro? Wo kommen wir denn da hin? Das sowjetische Kind in mir hat nicht nur Heimat gefunden, sondern ist auch endlich im kapitalistischen Bildungsbürgertum angekommen.

Immerhin, der Ranzen ist anscheinend aus Plastikmüll, ergonomisch, mitwachsend, ultra leicht, blablablablabla. Ich weiß nicht mal mehr, wie mein Ranzen in der Grundschule aussah. Ich meine es ernst. Ich habe keine Ahnung. Ich weiß, dass ich zur Fünften unbedingt so eine Ledertasche haben wollte, wie der gute Gynast, der ich war. Hätte nur noch eine Peter-Lustig-Latzhose und ein Blümchenshirt gefehlt. Scherz: mein BVB-Trikot und mein BSB-Shirt hätte ich niemals eingetauscht.

Unter Umständen hatten meine Eltern andere Sorgen als die Beschaffung eines Schulranzens aus Ozeanmüll.

Was ich allerdings noch weiß, ist, wie meine Schultüte ausgesehen hat, denn, TROMMELWIRBEL, auf diesen Moment warte ich, seitdem ich im Internet schreibe: ICH HABE SIE SELBER GEBASTELT. Und zwar im Kindergarten. Mit den Erzieherinnen zusammen. Ohne elterliche Unterstützung an einem gemeinsamen Bastelnachmittag. Und ohne Anleitung aus dem Internet. Aus normaler Pappe mit normalen, selbst gebastelten Schmetterlingen.

Am nächsten Tag bin ich mit dem Kind im Euro-Laden, um Deko für eine Party und geile Hüte für einfach so zu kaufen. In einer Ecke stehen Schultüten. »Ugh, die müssen wir auch noch besorgen«, murmle ich. Das Kind strackst hin, nimmt die Grüne mit dem T-Rex und sagt, die soll es sein. Liebe es, das pragmatische Kind. Ich zögere. Kann ich eine Schultüte für einen Euro kaufen? Geht das? Verliert dann eine Öko-Elfe in Berlin-Mitte ihre Flügel?

Wir beschließen, noch zu warten, schließlich sind es ja noch drei Monate bis zur Einschulung, Heidewitzka. Außerdem bin ich jetzt angefixt durch den teuren Ranzen. Sollte ich meinem armen Kind nicht doch auch eine dieser fancy Schultüten gönnen? Zum Wohle des Kindes, versteht sich, nicht um Material für die WhatsApp-Story oder Instagram zu haben, neeeeiiiiiin, niiiiiiiiemals. Zu Hause fange ich an zu recherchieren.[48]

Äh, talk about Klassismus, Baby.

Diese Bastelsets, von denen sie immer auf Instagram schwärmen, kosten zwischen 40 und 60 Euro. Ich dachte, ich fall vom Stuhl. Und ja, Bastelset impliziert, dass ihr euch als Eltern – seien wir ehrlich, dann wiederum meistens die Mütter – hinsetzt und die hübsche Tüte basteln müsst. Ohne Kind, wetten? Wie beim Adventskalender. Ja, Maria Theresia, ich bin mir sicher, dass dein Kind sehr, sehr gern zwei Stunden lang eine Schultüte mit dir bastelt. Voll gut für dich.

An dieser Stelle der Tipp einer guten Freundin: immer die Kinderlosen einspannen, die fragen, was man dem Kind denn zur Einschulung schenken könnte.

Die billigsten Schultüten, die ich finde, kosten ca. 25 Euro und können danach als Kissen oder Beutel verwendet werden. Gefüllt werden müssen sie auch alle noch. Ich werde wohl allein aus Trotz gegenüber dem System die Tüte aus dem Euro-Laden nehmen, natürlich auch, weil sie es ist, die meinem

Kind gefällt. Weil *who the fuck cares*, ob die Schultüten eurer Kinder *instaperfect* sind? Sind Schultüten nicht einfach sehr, sehr teure Piñatas? Also nach einem Tag ohnehin Müll?

Wenn ihr euch das nicht leisten könnt oder wollt, dann lasst es. Ihr habt meinen Segen. Wenn es euch wiederum glücklich macht, bitte, dann viel Spaß dabei. Am Ende geht es mir darum, dass das Schaulaufen am Tag der Einschulung von wem genau als Schaulaufen wahrgenommen wird? Von uns Eltern oder von den Kindern untereinander? Beginnt Kevinismus* schon bei der gekauften Star-Wars-Schultüte von Eugen oder kriegt die offensichtlich perfekt selbstgebastelte Rakete inklusive Silberfolie von Charlotte einen besonderen Fleißsticker und lässt das süße Mädchen auf der Sympathieskala steigen?

PS: Insgesamt kostet so ein Schulanfang also locker 500 Euro, wenn man alles neu und schick kauft. Das beinhaltet nicht mal eine eventuelle Party oder ein neues Outfit. Heftig, oder? Und das ohne Gucci!

* Bestimmte Vornamen von Schülern generieren tatsächlich Vorurteile auf der Lehrerseite, so wies es zumindest eine Masterarbeit nach, die 2009 an der Universität Oldenburg eingereicht wurde. Bei »Kevin« assoziierten Lehrer verhaltensauffälligere und weniger leistungsstarke Schüler, die eher der Unterschicht entstammen.

» Schuhe mussten ausgezogen werden in der Wohnung. Da meine Mutter (alleinerziehend und Vollzeitarbeitend) Putzen hasste, war es für sie furchtbar, wenn ich in der sauberen Wohnung in Straßenschuhen noch mal schnell in mein Zimmer gelaufen bin, weil ich was vergesse hatte und dann Dreck, Erde oder Matsch verteilt habe (hab ich dauernd gemacht) – musste ich dann aber immer auch selber wegmachen. «

Josephine Ehlert

» Papa arbeitet bis heute in einer Fabrik, seit über 30 Jahren. In wenigen Monaten geht er in Rente. Mama hat quasi ab der Ankunft in Deutschland geputzt, in verschiedenen Privathaushalten und jeden Abend bei einer Bank. Vor zwei Wochen kam die Kündigung, eine Reinigungsfirma übernimmt. Vor allem während meines Studiums habe ich mich für die Arbeit meiner Eltern und für meine Herkunft geschämt. Mittlerweile erzähle ich offen davon, was mein Gegenüber auch mal überfordert und schnell das Thema wechseln lässt – vor allem wenn es Akademiker:innen sind. Heute fühle ich vor allem Dankbarkeit für alles, was meine Eltern geschafft und uns auf den Weg gegeben haben. «

Elena Walczyk

FREUNDSCHAFT

Ich habe gerade die erste Folge der ZDF-Neo-Serie *Deadlines* geguckt, und ich hätte es viel, viel früher machen sollen. Ich kann ja auch nicht immer nur meckern, wie schlecht das deutsche Fernsehen ist und dann in die guten Serien, von denen alle schwärmen, nicht mal reinschauen. *Doppelhaushälfte* habe ich auch sehr gemocht. Es scheint also Hoffnung zu geben.

In *Deadlines* geht es um die Freundschaft von vier jungen Frauen aus Frankfurt. Der *Sex and the City*-Vergleich ist legitim, doch das gilt für nahezu jede Serie über Frauenfreundschaften mit vier Protagonistinnen. Auf den ersten Blick kommt die Serie sogar realistisch rüber, selbst die Outfits, nur nicht unbedingt die ethnische Zusammensetzung der vier Frauen.

51 Prozent der Personen mit Migrationshintergrund geben an, dass sie »viele« deutsche Freund*innen hätten. 24 Prozent hätten gerne mehr und 17 Prozent, sagen, dass es schwierig ist, welche zu finden. Es wurde festgestellt, dass »Freundschaften oder engere Kontakte eher über Gemeinsamkeiten wie beispielsweise den Arbeitsplatz und weniger über das Wohnumfeld entstehen.«[49]

Im Fall von Elif, Jo, Franzi und Lena war es aber wohl das gemeinsame Wohnumfeld, die Siedlung Goldstein im Frankfurter Stadtteil Schwanheim, das ihre Freundschaft begründete. Ergibt schon Sinn, laut BAMF leben »Familien mit Migrationshintergrund überdurchschnittlich oft in Ballungsgebieten.« In Großstädten ab 500 000 Einwohner*innen sind 43 Prozent der Bewohner*innen von Ballungsgebieten Migrant*innen. Und wie viele wohnen anteilig in Gemeinden mit weniger als 5000 Einwohner*innen? 12 Prozent, düdüm.

Also ich, ich bin eine Dorfmigrantin, wodurch mein Freundeskreis automatisch durch und durch nicht-migrantisch war, gab ja keine anderen.

Meine Freundschaften heute ähneln eher denen in der Serie, die meisten Frauen habe ich allerdings über die Arbeit, berufliche Events oder Netzwerken kennengelernt. Und lerne ich deutsche Frauen kennen, ist erschreckend schnell klar, wie wenig wir gemeinsam haben und wie unterschiedlich wir die Welt sehen. Zum Glück bin ich nicht mehr 15 oder 25 und glaube nicht mehr, dass die Mehrheitsgesellschaft in allem recht hat. Mein Bild von Familie, von Mutterschaft und von Freundschaft ist mein eigenes geworden, dafür bin ich dankbar. Doch immer mal wieder tritt eine Lena in mein Leben, wie in der Serie, und erinnert mich daran, dass es da draußen ganz andere Ansichten gibt.

Die Lena in *Deadlines* ist vor allen Dingen in dieser ersten Folge so messerscharf böse gut und authentisch geschrieben, dass ich mit weit aufgerissenen Augen vorm Stream saß und nur noch ganz leise »Wow« sagen konnte. Sie ist der biedere Alman, der Regeln liebt, aber gleichzeitig glaubt, freiheitsliebend zu sein. Eine Art moderner Hausmeister Krause. Spießigkeit als Witz, nur dass sich die Parameter der Spießigkeit seit Tom Gerhardts Karrierehöhepunkt etwas geändert haben: Sie äußert sich bei Lena etwa in einer warmen Dusche an Komplimenten, in Sorgen, die sie sich macht, ob Gott noch zeitgemäß ist und in ihrer Ablehnung der Ehe (die sie als faschistisch bezeichnet; dass sie dann trotzdem heiraten möchte, ist im Hinblick auf das Drehbuch schon harte Perfektion).

Ich habe mich so fremdgeschämt, Entschuldigung, weggecringed. Puh Lena, du bist es. Du bist die Lisa, die Mareike, die Julia, die Steffi, und du weißt es leider auch. Du weißt ganz genau, dass du aufpassen solltest, wie du redest, und du tust es auch, du befolgst die Regeln der Richtigkeit. Doch Girl, dein überhebliches Korrigieren von Grammatik oder von Fauxpas beim Gendern ist auch nur das Rasennachmessen der 2020er. Du möchtest alles richtig machen, so sehr, dass du das kleine bisschen Humor, das noch übrig war, völlig verspielst. Du darfst Fehler machen und daraus lernen, du darfst auch Witze machen. Du musst nicht alles richtig machen, weil niemand alles richtig machen kann.

Der Antrieb der Lenas ist die Angst vor Fehlern. Als ob es ein »richtig« gäbe. Viele der Lenas verkrampfen sich so hart im Treibsand ihrer eigenen Regeln, dass sie nicht mehr rauskommen. Die Zeit, die sie haben, diese Dinge halb zu recherchieren, um sie dann in die Welt zu tragen, diese Zeit ist nicht allen gegönnt. Es ist nämlich auch ein Privileg, auf Insta rumzuhängen und Infokacheln auswendig zu lernen, um dann am besten sogar noch andere in den Kommentarspalten oder wahlweise im echten Leben zu verbessern.

Während sie also tatsächlich sich gegenseitig die Hürde, die Latte, die selbstgebaute Lehmmauer immer höher bauen, sitzen wir irgendwo am Rand und schütteln den Kopf. Wir haben gelernt, nichts zu sagen, denn die Lenas sind die Norm. Also wenn wir was sagen, dann lieber ganz vorsichtig; wenn wir nämlich laut sind, vielleicht sogar fluchen, bisschen ghetto, das kommt nicht gut. Nicht bei den Eltern anderer Kinder, nicht bei potenziellen Arbeitgebern, nicht auf dem Amt, schon gar nicht beim Bahnpersonal oder einer Lehrkraft. Danke, dass es Elif gibt.

Ihr wollt alles richtig machen, aber ihr macht nichts korrekt.

Die Lenas wollen alles richtig machen, weil ihre Vorfahren richtig viel falsch gemacht haben, das wissen sie. Der Planet stirbt, es herrscht Krieg, es gibt wieder Pandemien, Femizide alle paar Minuten, und ARGH DAS PATRIARCHAT, verdammt viele Gelegenheiten zum Auswetzen. Und: Wir verdienen nicht so viel Geld wie Männer, aber migrantische Frauen verdienen noch weniger! Frauen mit Behinderungen noch weniger! Wer verdient am wenigsten? Ihr müsst immer *alle* mitdenken! Euch selbst geht es hingegen gut, das ist euer Problem, darum habt ihr ein schlechtes Gewissen. Darum wollt ihr alles richtig machen, büßen, für euer geiles Leben.

Eure Großeltern wollten oder konnten nicht darüber reden,

was sie belastet hat, eure Eltern haben Fragen gestellt, aber keine Antworten erhalten und waren dann damit beschäftigt, generationenübergreifenden Wohlstand aufzubauen, finanziell und kulturell. Euren Wohlstand. Und ihr? Ihr versucht, die Kämpfe anderer zu kämpfen. Ihr werdet zu Allies, um die niemand gebeten hat. Die gut aufgestellten Täterenkelkinder, die ja wirklich direkt und indirekt davon profitieren, dass geschwiegen wurde; ihr wünscht euch heute manchmal: Hätte ich doch auch ein Thema, ein Diskriminierungsmerkmal vielleicht.

Irgendwas, was euch verfolgen könnte, nicht nur das schlechte Gewissen.

Aber da ist nichts. Da ist ein Haus, in dem ihr gewohnt habt, oder eine gute Wohnung in einer guten Gegend, da sind Urlaube in Dänemark und Italien, da sind Socken von Falke, das große Auto gehört Papa, das kleinere Mama, dann kann sie besser parken, da ist eine Swetlana, die kam immer Donnerstags zum Reinemachen, während ihr in der Schule wart, und letztens ist echt schon wieder eine Großtante gestorben, die hat euch ein Grundstück vererbt, ein kernsanierungsbedürftiges Haus aus den 50ern, argh, *what to do*, jetzt muss man sich da auch noch drum kümmern.

Es ist ok, dass ihr ein bisschen Geld hattet. *That's the point.* Ihr müsst nur selbst *begreifen*, dass ihr wirklich Geld hattet. Wisst ihr, was zum Beispiel alles Geld kostet? Nachhilfe. Musikschulunterricht. Voltigieren. Hobbies, haha, Hobbies kosten Geld. Die Zeit, in der euch jemand zu euren Hobbies gebracht hat, sich da hingesetzt, euch wieder abgeholt hat. In der Zeit hat jemand nicht gearbeitet. Nicht arbeiten kostet auch Geld. Eure Familien hatten genug Geld, so dass immer alles bequem war, und für diese Bequemlichkeit schämt ihr euch. Minimalistische Wohnungen, mit Sofas, die mehr kosten als ein Auto, Garderoben, in denen nur fünf weiße und fünf schwarze Shirts hängen, alle Fairtrade, eins kostet 30 Euro. Eher mehr. Rettet ihr damit den Planeten? Oder zahlt ihr nur wieder mehr Geld für ein gutes Gewissen, weil ihr es euch leisten könnt? Während arme Menschen schon immer einen niedrigeren CO2-Abdruck hatten. Minimalistische Lebensweisen und -weisheiten wirken befremdlich, man fragt sich: Tut ihr so, als wärt ihr arm?

Über Geld spricht man nicht. Tja, doof, ich spreche richtig gerne über Geld. Zum Beispiel letztens auf einer Party. Auf dem Männerklo, denn das Frauenklo war besetzt, und ich musste dringendst. So kam es, dass ich wirklich und wahrhaftig am Waschbecken Xatar traf. Und Maxim, von KIZ. (Sorry, dieses Namedropping ist alles, was ich habe. Viel cooler als dieser Moment wird mein Leben nicht mehr.) Jedenfalls, während ich mir die Hände wusch, stieg meine Freundin Tebbi voll ein in die Unterhaltung der beiden. Es ging darum, wie es ist, Kinder zu haben, wenn man Geld hat, aber selbst ohne Geld aufgewachsen ist. Lieblingsthema, ich beteiligte mich dann auch. Wir vier diskutierten immer weiter, aber einig waren wir uns in einem Punkt: Es ist das geilste Problem, das man haben kann. Und ich kann jetzt bei jeder Gelegenheit damit angeben, dass ich mal ein Klogespräch mit echten Rappern hatte.

Liegt nicht der Sinn, Kinder zu haben, darin, dass es denen irgendwie besser geht als uns selbst? Deshalb sind hier ja so viele Migranten im Land, ist doch geil. Die wollen, dass es ihren Kindern besser geht, wetten? Das kann finanziell gemeint sein, aber auch emotional. Wir werden nicht nur Erststudierende, wir werden Eltern, lernen mit Kulturen zu jonglieren; und nebenher müssen wir Generationszyklen brechen.

Der Begriff Cyclebreakers bezeichnet Personen, die ungesunde Muster, die sich über mehrere Generationen in Familien entwickelt haben, bewusst zu brechen versuchen. Solche Leute haben harte Arbeit zu verrichten. Und sie finden sich sicherlich auch in Familien ohne Migrationshintergrund, Armut oder Traumata. Auch gibt es in allen Familien Alkoholismus, Missbrauch, Gewalt, Scheidung, Essstörungen, aber, hear me out, das ist dann häufig: das Familiengeheimnis. Das wird zum persönlichen Problem zwischen deiner Therapeutin und dir. In der Sekunde, in der du ins Bewerbungsgespräch oder zu einem Tinder-Date gehst, wirst du wieder als Teil einer Mehrheitsgesellschaft wahrgenommen, die problembefreit ist. Spätestens, wenn ich sage, wie ich heiße oder wo ich »herkomme«, nicht mehr. Dann rollen die Assoziationen, bei mir sind es Wodka, Putin, AfD, Sexarbeiterinnen, Krieg, Alkoholismus.

Du würdest solche Assoziationen natürlich nicht haben, du hast die Infokacheln alle gelesen, du hast die anti-rassistischen Bücher alle gekauft, bist nur nicht zum Lesen gekommen, denn zum Lesen kommst du selten. Du möchtest alles richtig machen, wenn du mal eine von denen triffst. Von den Migranten, aber eine von den Integrierten, bitte, den Aufsteigern, denen mit Abi.

Vielleicht hast du einen Lieblingsvietnamesen, du kannst Ng aussprechen, der Arbeitskollege deines Partners ist Iraner, in eurem Start-up gibt es einen Türken und in der Kita gibt es Schwarze Kinder, richtig? Überhaupt, bei der Geflüchtetenhilfe hast du schon richtig oft Sachspenden abgegeben, aber letztens, als sie dringend Helfer*innen für ein Kiezfest brauchten, da hattest du keine Zeit, da hattest du Yoga. Wenn du in Berlin oder Hamburg wohnst, hast du vielleicht eine schwedische Freundin, eine ehemalige Arbeitskollegin, die aus Polen stammt, und sicherlich werden sich ein bis zwei Amis oder Briten auftreiben lassen. Aber deine Freundinnen, wer sind die? Oh shit, warte, hast du noch Freundinnen?

Oder glaubst du, wenn man Kinder hat, dann »geht das irgendwie auseinander«, weil man keine Zeit hat? Findest du die Reels witzig, in denen zwei Mütter miteinander telefonieren, aber eigentlich die ganze Zeit nur ihren Kindern sagen, sie sollen mal still sein? Haha, das Mutti-Leben, so ist das mit Kindern. Geht so.

Es kostet Zeit und Energie, Freundschaften aufrechtzuerhalten. In ihrem Buch *Was für Ghettoschule?!* teilt Hanna Fecht eine Erinnerung an eine Freundschafts-Dreiecksbeziehung, die damit endete, dass das deutsche Mädchen sich einen neuen deutschen Freundeskreis suchte und Hanna, selbst Halbpalästinenserin, mit ihrer türkischen Freundin zusammenblieb. Dieses Dilemma spielte sich in der fünften Klasse ab, aber wenn ich mir die letzten 15 Jahre meines Lebens angucke, dann muss ich sagen, die nicht-migrantischen Freunde, die ich habe, reichen.

Das kann man jetzt scheiße von mir finden, aber lol, ihr habt ein Buch gekauft, in dem es um meine Erfahrungen und Gedanken geht, Willkommen! So pfiffig, wie sie immer wieder mit der vierten Wand spielt.

Meine Freundin Nora, zeitgleich auch mein Herz, meine Sonne, mein everything, lebt in Israel. Eine Woche nach meiner Hochzeit ist sie ausgewandert. Als ob mein Mann einfach ihren Job als Seelenverwandte übernehmen könnte. Sie hat auch geheiratet, einen Israeli, ja, einen Juden, der aber auch Ägypter-Portugiese und Bulgare-Russe ist. (Ja, er sieht sehr gut aus, unter anderem deshalb hat Nora ihn geheiratet.) Ich treffe die beiden in Berlin zum Essen, sie sind zu Besuch und Nora sagt, dass sie ihn vorwarnen musste, wie er sich in Berlin zu benehmen hätte. In Berlin?! Der weltoffensten, tolerantesten Stadt? Ja, sagt sie, weil er nicht so sein kann wie in Israel, wo alle irgendeine krasse Geschichte haben, alle Witze über alles machen, das muss er sich bitte sparen, wenn er ihre deutschen (technically, fränkischen) Freundinnen trifft. So weit ist es gekommen Leute, wir müssen die Ausländer jetzt schon vorab warnen, sich mit ihrem Humor bei uns zurückzuhalten. Deutsche lachen über Loriot, aber nicht über ihre Vergangenheit.

Es ist nicht einfach, mit Deutschen befreundet zu sein. Vor allen Dingen, wenn sie clearly mehr als gut situiert aufgewachsen sind und das mit allen Mitteln versuchen runterzuspielen. Ich respektiere jeden Hustle, ich unterstütze, ich empfehle, ich feiere, das ist meine Lebenseinstellung. Aber wenn Leute einen gewissen Vorsprung hatten im Rennen des Lebens, dann wage ich es, Fragen zu stellen. Meine Fragen, gleich liste ich sie auf, sind simpel, es sollte einfach sein, Antworten auf sie zu erhalten. Doch spätestens nach der zweiten oder dritten wird es für viele unangenehm. Denn »Geld zu haben« bedeutet nicht nur, ein krasses Auto vor einem krassen Haus und ein paar Mal im Jahr in den Urlaub fahren (vielleicht denken das viele, weil sie zu oft *RTL Exklusiv* geguckt haben). »Geld zu haben« hat auch sehr viel damit zu tun, Geld als nicht wichtig anzusehen. Dabei ist es extrem wichtig; wenn man es nicht hat, ist es immer Thema. Deshalb ist nicht über Geld zu reden nur dann möglich, wenn man es hat.

So, die Fragen:

- Wie viel Geld hast du zur Konfirmation bekommen?
- Was hast du damit gemacht?
- Wer hat deinen Führerschein bezahlt?
- Hast du ein Auslandsjahr gemacht?
- Hast du Nachhilfe gekriegt?
- Wurde bei deiner Geburt ein Bausparvertrag abgeschlossen?
- Haben deine Eltern ein Grundstück oder Haus geerbt oder teilweise bezahlt bekommen?
- Gab es ein Geschenk zum Abitur?
- Wer hat die Miete im Studium bezahlt?
- Hast du schon mal gekellnert?
- Hast du schon mal in einem Supermarkt gearbeitet?
- Haben deine Eltern, Großeltern oder eine Tante oder Onkel schon mal eine Kreuzfahrt gemacht?
- Warst du schon mal auf Gran Canaria oder in der DomRep?
- Warst du schon mal in Disneyland?
- Wie oft bist du geflogen, bevor du 18 warst? (Verwandtenbesuche zählen nicht)
- Hast du schon mal geerbt?
- Wirst du erben?
- Und natürlich: Hattet ihr eine Reinigungskraft?

Vieles ist eine Frage der Klasse. Und vieles gesellschaftlich dermaßen etabliert, dass Leute nicht verstehen, dass es ein Zeichen von Wohlstand ist. Die Konfirmation beispielsweise wird so gut wie gar nicht hinterfragt, genauso wenig die »Anschaffung« einer Putzfrau. Denn klar, wenn beide viel arbeiten, und die Kinder auch noch, hach, wer soll das denn alles schaffen? Es wird gerechtfertigt, versteckt, dass man es sich leisten kann, dass man am Wochenende auch einfach mal ausspannen möchte. Putzen darf einfach nicht zum Leben gehören. So kommen dann Freitagmittag verwirrte Schulkinder in ein super sauberes Haus und wissen meistens gar nicht, dass das jemand Fremdes erledigt hat. Immerhin, die, die alles richtig machen wollen, stellen ihre Putzfrau an oder nutzen einen Service. Sie wollen sich nichts nachsagen lassen.

Es ist extrem unterhaltsam für mich, dass Leute sich dafür schämen, eine Putzfrau zu haben. Was könnte dahinterstecken? Angst, als Snob wahrgenommen zu werden? Sagt man noch Snob? Oder vielleicht, dass man ausbeuterisch wäre? Ich wage es und werfe 50 Euro auf den Tisch und sage: Der Putzfrau ist das scheißegal. Völlig latte, dass du sie in Anspruch nehmen möchtest. Du musst sie auch nicht wie eine Freundin der Familie behandeln, denn sie ist es nicht, sie arbeitet für dich und das gefällt dir nicht. Also duzt du sie und sprichst sie mit ihrem Vornamen an. Führst Smalltalk mit ihr, obwohl sie vielleicht versucht, fertig zu werden und zum nächsten Termin muss. Es kann auch sein, dass es ihr unangenehm ist, dass es ihr lieber ist, zu arbeiten und zu gehen.

Doch du laberst sie voll. Gibst ihr noch irgendeinen Sperrmüll mit, oder etwas, was du eigentlich zur Altkleidersammlung bringen wolltest. Hach, Swetlana freut sich. Nein, Swetlana möchte deinen Müll auch nicht haben.

»Wenn die alten Hiesigen starben, wussten die jungen Hiesigen nicht wohin mit dem *Prell* ihrer toten Eltern und schenkten es der Putzfrau, die wird schon noch etwas damit anfangen können, oder es anderen *Bedürftigen* weiterverschenken. Sie könnten es auch zum Roten Kreuz bringen, oder zum Sperrmüll, wo es eigentlich hingehört, aber wie viel einfacher war es, der Putze mit dem rollenden R das Zeug in die Hand zu drücken. Was soll die schon sagen? Nein, danke? Sie geht putzen, sie braucht kostenlose Sachen. Man hat ihr *geholfen.*«

Elina Penner, *Nachtbeeren*

Die Eltern meiner deutschen Freunde werden langsam alle pflegebedürftig oder sterben, sie beschäftigen sich mit Patientenverfügungen und Altenheimen; meine Eltern fahren sieben Mal im Jahr in den Urlaub, weil sie es endlich können. Sie haben es geschafft, leben den Traum: Innerhalb einer Generation geht es ihnen besser als noch vor ein paar Jahren. Das nennt man dann Aufstieg, oder Integrationserfolg. Meine Migra-Buddies und ich, wir erinnern uns an Scham und gewöhnen uns an Stolz. Das ist schwer.

Ich habe mich daran gewöhnt, Taxi zu fahren, und auf der Speisekarte das zu bestellen, was ich essen möchte, nicht, was das Günstigste ist. Ich beschwere mich, wenn ich beruflich unterwegs bin und das Hotel sich als Vollkatastrophe entpuppt. Dass mein Kind Blockflötenübungen macht, hey, schon daran gewöhnt, wir sind jetzt Musikschuleltern. Trotzdem ist es immer noch seltsam, denn das, was tief sitzt, wie z. B. ohne oder mit wenig Geld aufzuwachsen, bestimmt dein Verhalten, deine Perspektiven. Wenn du zusätzlich dazu mit Rassismus, Antisemitismus, Antislawismus, Diskriminierung aufgewachsen bist, dann wirst du auch im Freundeskreis vorsichtiger.

Müde werde ich vor allen Dingen. Mich zu erklären und die leider notwendigen Fragen zu stellen, immer und immer wieder. Kannst du bitte deine Schuhe ausziehen? Wird es Essen geben, wenn ja, um wie viel Uhr? Haben deine Großeltern finanziell vom Zweiten Weltkrieg profitiert? Familienbetrieb seit 1910? Aha.

Eine der besten Housewives in der Geschichte der *Real Housewives*, Lisa Rinna, hat einen wundervollen Spruch: *own it.* Du kannst schon sein, wer du bist, aber *own it.* Und das, das ist der Punkt, an dem ich mich beschwere. Du willst eine

Putzfrau, kein Ding, Digga, aber *own it*. Own die Vergangenheit deiner Familie, aber kompensier es nicht, indem du allen beim Spieleabend auf den Sack gehst. Du kannst schon Stolpersteine putzen gehen einmal im Jahr, du könntest aber auch lebende Juden und Jüdinnen unterstützen. *Own it* im Sinne von: steh dazu. Es ist nicht schlimm, basic zu sein, aber man muss auch dazu stehen. *Own it.*

Es scheint schmerzhaft schlimm zu sein, Durchschnitt zu sein. Keine Traumata vorweisen zu können. Ohne Armut, ohne Verfolgung, ohne Auffanglager, ohne Diskriminierungserfahrungen, ohne Stress aufgewachsen zu sein. So schlimm, dass Lenas nun die Kämpfe der Welt, die großen Dilemmata der Weltgeschichte zwischen Insta-Post und Spielplatzbesuch lösen wollen. So, dass es alle mitkriegen.

Indem sie ihren Geburtstag absagen, wenn es einen Anschlag Tausende Kilometer entfernt gab, weil es sich nicht richtig anfühlt. Vielleicht weil sie niemanden kennen, der mal »im Krieg« war, der umgebracht wurde. Weil es sich anfühlt wie eine große, böse Bedrohung, wie in einem Märchen. Das würden sie nie zugeben, für sie fühlt es sich sehr echt an. Als der Tsunami kam, wussten sie genau, wo die Toten lagen, erst Monate zuvor hatten sie dort Urlaub gemacht.

Je älter ich werde, desto weniger kann ich performative Kackscheiße ertragen. Ich bin viel zu nett, wirklich, ich bin superfreundlich, vor allen Dingen zu Senior*innen, egal was ich auf Lesungen gefragt werde. Zu meinen Kindern, meinem Glauben, meiner Herkunft, den finanziellen Mitteln meiner Eltern. Oder mein all-time-Favorite: »Wie viel Geld haben Ihre Eltern denn jeden Monat zu Beginn in Deutschland erhalten?«

Ich hatte mal schwarze Kacheln, Hashtags, Flaggen im Profilbild, doch spätestens als Notre-Dame brannte, war ich raus. Um mich herum weinten Menschen wegen einer Kirche, kramten Fotos ihrer Französisch-LK-Fahrt raus, und viele spendeten Geld für die … was genau, Renovierung? Ich dachte mir, ok, jetzt sind wir soweit, die Welt, in der ich dachte zu leben, hat den Verstand verloren. Vielleicht lebte ich gar nicht in dieser Welt, vielleicht war meine Welt diese berühmte Parallelgesellschaft, in der Menschen nicht wegen Notre-Dame im Livestream vom Wohnzimmer ihrer Berliner Altbauwohnung aus heulten.

Ich war zwar ein paar Mal in Paris gewesen, aber clearly bedeutete mir dieser Ort nicht so viel wie den anderen Ischen um mich herum. Was passierte mit mir? In was verwandelte ich mich? Konnte es sein, dass westeuropäische Bauwerke, finanziert durch Ausbeutung, mich kaltließen, weil, vielleicht, ich mich kulturell nicht so hart dort verankerte wie Lena?

Ich bin jetzt 36. Ich hatte immer geile Freundinnen, genau die richtigen, für den jeweiligen Zeitpunkt. Meine erste Freundin starb letztes Jahr, relativ plötzlich, an Krebs. Sie wurde 38 Jahre alt. Sie erfuhr von der Diagnose im gleichen Monat, als ich über Rihanna und die Sterblichkeitsrate von Schwarzen Frauen bei der Geburt für die Vogue schrieb. Spoiler: Sie ist viiiiiiiel höher als bei *weißen* Frauen. Es ist absolut zum Kotzen, wenn Freundinnen sterben, das sind deine Seelenverwandten, die wissen alles über dich. Ich dachte wirklich, ich wüsste, was Trauer ist, bis ich an den Punkt kam, an dem ich mich von einer Freundin verabschieden musste, mit der ich jeden Tag gesprochen hatte. Jeden Tag.

Sie war eine echte Teen Mom gewesen, mit 16 schwanger geworden, eine Military Wife und Goth. Sie war einer der klügsten Menschen und sie war so gut darin, mir zu helfen, Dinge zurechtzurücken, die ich noch nicht verstand. Ob Mutterschaft oder Weltereignisse, ob philosophische Ansätze oder Hexenverfolgungen und Kräuterkunde. Wie ich die Welt sehe, ist auch geprägt davon, dass ich jahrelang in den USA leben, dort zur Schule und zur Uni gehen durfte, Freundinnen kennenlernen durfte, die mir mit ihrer Lebenserfahrung meinen Horizont weiteten.

Ich glaube, dass es ein Privileg ist, wenn man sich nur um sich selbst drehen kann. Ich meine das nicht böse, *it is what it is*, aber wenn ich in einer kleinen, intakten Kernfamilie aufgewachsen wäre – mit zwei bis drei Freundinnen aus der Schule, vielleicht noch zwei, drei weiteren aus dem Studium und dann so ein bis zwei Lieblingskolleginnen von der Arbeit, alle weiß, ohne Migrations- oder Armutshintergrund, im gleichen Alter, mit Kindern im ungefähr gleichen Alter wie mein Kind –, dann würd ich mir auch Gedanken machen, ob 20 Minuten Fernsehen am Tag zu viel sind, denn dann wäre der Medien- oder Zuckerkonsum meines Kindes mein größtes Problem. Schwierigkeiten und Probleme suchen, wenn man keine hat: mega. Vielleicht bin ich ja nur neidisch, vielleicht würde ich auch gern Zeit haben, mir solche Gedanken zu machen. Obwohl, nein, ich würde eher so das Modell Geissen durchziehen und das Leben leben.

Und dann, als junge Mütter, realisieren sie auf einmal, dass das System scheiße ist. Plötzlich machen sie sich Gedanken über Altersarmut, Scheidungsraten, Unterhalt, Vorsorge, Rentenpunkte (wenn überhaupt) und erleben zum ersten Mal so etwas wie Diskriminierung. Dieses System, diese Gesellschaft war schon immer so, für dich wurde es nur erst Scheiße, als du ein Kind gekriegt hast. Sorry.

Wir können unsere Freundeskreise nicht wie einen Schulwunsch angeben. Wenn ihr mit Leuten befreundet sein wollt, weil sie Schwarz oder muslimisch sind, werden daraus noch lange keine diversen Freundschaften. Ihr könnt weiterhin in eurem Weißbrot-Zirkel bleiben, wobei die Analogie in Deutschland wohl eher mit Vollkornbrot funktioniert, aber, *the point is*: ihr könnt euch sehr wohl überlegen, mit wem ihr befreundet sein wollt. Und ich rede nicht von eurer beknackten Timeline, hört auf, Instagram dem Real Life gleichzustellen, es reicht, das ist eine App!

Nein, wenn es euch wirklich ernsthaft interessiert, wie andere Lebensrealitäten aussehen, nicht nur für Clout und Sympathie (niemand lobt euch dafür, dass ihr zuhören wollt), dann habt ihr mit diesem Buch doch schon mal einen guten Anfang gemacht.

Falls das hier eine richtig reiche Deutsche mit Ferienhaus

irgendwo am Meer (nicht Dänemark) liest und voll gerne eine Quoten-Migra in ihrem Freundeskreis hätte, ich bin für alles zu haben! Ich bringe auch Juden, Muslime und Menschen mit Behinderung mit!

Es ist bestimmt scheiße, dass eure Großeltern Nazis waren, ihr müsst das aber nicht bei jeder Gelegenheit überkompensieren. Ihr sollt nur keine Nazis werden, und keine Nazis wählen, und Zivilcourage zeigen und was sagen, wenn euch das Essen zu scharf ist; wir wollen alle, dass das Patriarchat zerstört wird, ihr habt den Sticker nicht umsonst gekauft für euer 2000-Euro-MacBook, aber ihr müsst schon auch zu Hause anfangen, ok?.

»Als Kind hat Mama mir am liebsten Puschkin vorgelesen. Mein Lieblingsbuch war allerdings Bambi. Ich erinnere mich, wie einmal Papa vorgelesen hat. Sein Deutsch ist bis heute mit starkem Akzent und Fehlern. Er hat »Häs-chen« wie »Häschen« ausgesprochen (sch wie bei »Tisch«). Ich habe ihn nie verbessert, wollte ich doch nicht, dass er sich schämt und mir nie wieder was vorliest.«

Helena Harder

»Auf Russisch bin ich witziger, auf Deutsch aufgeräumter, womöglich sogar sachlicher, und auf Englisch zwar eingeschränkt in meinen Ausdrucksmitteln, aber viel freier und entspannter, weil es kein Kampf war, die Sprache zu lernen, und weil mir niemand meine Fehler vorhält. Mit Tieren und Babys spreche ich, ohne nachzudenken, Russisch.«

Olga Grjasnowa,
Die Macht der Mehrsprachigkeit[50]

MUTTERSCHAFT

Wenn du ein Buch schreibst, das *Migrantenmutti* heißt und du Mutter bist, dann muss es doch auch einen Text über Mutterschaft geben, oder? Anscheinend. Hier ist er also, meine expliziten Gedanken zum Thema Mutterschaft, nicht Elternschaft, nicht Vaterschaft, nichts dergleichen. Mutterschaft in Deutschland aus migrantischer und persönlicher Sicht.

Mutterschaft kann scheiße oder schön sein, vor allen Dingen beides.

Außerdem will eure Mutter ihre Tupperware zurück.

» Wir wurden alle drei früh in die Hausarbeit miteinbezogen, also Bad putzen, Küche aufräumen, staubsaugen. Aber generell war es immer sehr unordentlich und auch staubig bei uns, weil meine alleinerziehende Mutter es neben dem Arbeiten nicht geschafft hat, den Haushalt noch zu machen, bzw. nur das nötigste und wir Kinder natürlich auch nicht so viel gemacht haben. Da es bei meiner Mutter auch heute noch oft sehr dreckig ist, bin ich ordentlicher als sie geworden. Mein Partner will gern eine Putzkraft einstellen, aber u. a. will ich keine, weil ich will, dass mein Kind lernt, dass man das selber machen muss. Ich will nicht, dass es sauber ist und Yuna nie sieht, wer das eigentlich macht und wie viel Arbeit da dahintersteht. «

Katja Rupert

» Rollenverteilung! Mama arbeitet fast gar nicht, übernimmt aber die komplette Care-Arbeit. Und der Hang dazu, die eigene Lebenssituation schlechter einzuschätzen, als sie eigentlich war. Meine Eltern waren schon häufiger unzufrieden, dabei haben sie, in ihrer Generation, in Westdeutschland, in einer Kleinstadt, ehrlich gesagt gelebt wie die Made im Speck. «

Nina

ERZIEHUNG

Ich sitze mit Freundinnen und unseren Kindern in einem Berliner Kinosaal. Wir sind müde, essen Popcorn und freuen uns auf zwei Stunden Berieselung. Es ist eine Premiere, kein regulärer Kinobesuch. Wir wurden eingeladen, so wie alle anderen hier im Saal. Der Film ist ab sechs Jahren, es befinden sich also keine Kleinkinder im Saal. Vor der Leinwand, auf der Kinobühne, fangen zwei Kinder an zu rangeln. Sie haben Spaß, sicherlich, toben auf der Bühne, und ich frage mich, warum die keiner runterholt. Ich beuge mich hinunter zu meinem Kind und flüstere auf Plautdietsch zu ihm »nicht so« – oder irgendetwas in der Richtung. Aus dem Augenwinkel sehe ich, dass meine Freundinnen, ebenfalls mit Migrationshintergrund, parallel das Gleiche tun. Die Teenagertochter meiner Freundin schüttelt sogar Oma-mäßig den Kopf.

Ich werde zurückkommen zu diesem Moment, doch vorher will ich eines klarstellen: Erziehung ist ein fast unmögliches Thema, also lasst es uns diskutieren. Ich bin in meinem Leben auf unzähligen Pressereisen, Influencer- und Familienblogger-Events sowie Kindergeburtstagen gewesen. Meine Kinder würde ich als durchschnittlich sozial bezeichnen, ich kenne demnach eine ungefähre Bandbreite an Besuchskindern, wie die meisten anderen Eltern. Besuchskinder? Ja, sogar befreundeten Eltern muss ich den Begriff manchmal noch erklären. Es gibt Kinder, die sich nicht alle paar Tage die halbe Kitagruppe oder ein gutes Viertel der Schulklasse nach Hause einladen. Wobei das mit den Verabredungen in Berlin sowieso oftmals eher draußen stattfindet, habe ich gehört. Willkommen auf dem Dorf, in dem gefühlt 90 Prozent der Kinder um 12 Uhr nach Hause gehen, um dort ein frisch gekochtes Mittagessen serviert zu bekommen. Besuchskinder sind also Kinder, mit denen sich das eigene Kind zum Spielen verabredet hat. Ab einem gewissen Alter ergibt das Konzept Besuchskinder sehr viel Sinn. Vor einem gewissen Alter kann es anstrengend werden. Spätestens wenn sie euch mitteilen, dass ihr mal wieder einkaufen könntet, weil ihr nicht die richtige Sorte Eis im Haus habt.

Doch von den Kindern zu mir. Ich wage zu behaupten, dass die Räume, in denen ich mich bewege, seitdem ich Mutter wurde, heterogener sind als bei den meisten anderen. Ich kenne dieses Großstadtding, ich kenne das Landding, ich kenne dieses Influencerding, ich kenne dieses Normaloding. Freundinnen von mir leiten Unternehmen, haben Hauptrollen in Kinofilmen, sitzen im Bundestag oder sind Pflegekräfte. Alles dabei.

Ich bin, wie viele andere Russlanddeutsche, vergleichsweise streng erzogen worden. Ich habe in den letzten Jahren feststellen müssen, dass es meinen Freund*innen mit Migrationshintergrund ähnlich geht. Was meine ich mit streng? Widerworte, altkluge Kommentare, Jammern, vieles war nicht nur nicht gern gesehen, sondern schlichtweg nicht erlaubt. Ich merke meine eigene Erziehung, wenn ich von älteren Menschen unfair behandelt werde. Nicht nur unfair, sondern einfach schlecht. Ob das ältere Männer sind, die im Supermarkt drängeln, ob das Handwerker sind, die mit mir keine Unterhaltung führen können, weil ich nicht der Herr des Hauses bin, oder ob das ältere Frauen sind, die mich in den Wahnsinn treiben mit ihren Kommentaren über Körper, Fett, Gewicht und Diäten. Ich merke, dass ich mir nicht mal auf die Zunge beißen muss, um meinen Mund zu halten, ich bin einfach so programmiert, dass ich nichts sage. Ich! Die definitiv sehr oft eine Meinung zu vielem hat. Ich sage nicht, dass es richtig ist, dass ich dann still bleibe, ich lerne, mich auch gegenüber älteren Menschen zu positionieren, aber es fällt mir schwer.

Wahrscheinlich würden meine bzw. alle Migra-Eltern sogar behaupten, wir hätten eine super entspannte Erziehung genossen. Haha. Aus ihrer Perspektive haben sie damit sicherlich Recht, denn sie können es ja nur mit ihrer eigenen Kindheit vergleichen. Zusätzlich dazu habe ich zwar einen nicht religiösen, nicht gläubigen, aber immer noch kulturell mennonitischen Hintergrund, was bedeutet, dass schlichtweg Gehorsam für die meisten Kinder in jeder Generation oberste Priorität war.

Ich war mal auf einer katholischen Hochzeit und hätte nicht gedacht, dass ich in Deutschland außerhalb eines mennonitischen Bethauses jemals so krass erzogene Kinder sehen würde. *But there they were.* Bestimmt 20 Kinder, auch Einjährige, die völlig ruhig dieser über einstündigen Zeremonie beiwohnten. Mein damals zweijähriges Kind musste nach zehn Minuten rausgehen; er hatte, wie man neudeutsch so schön sagt, keinen Chill. Nun würde jeder halbwegs klar denkende Mensch sagen, mein Kind war einfach ein zweijähriges Kind, was soll das in einer Kirche, über eine Stunde lang, bei einer Messe, die dazu noch streckenweise auf Latein gelesen wird?

Die krass ruhigen Kinder, das sind die eigentlichen Weirdos. Ich fragte dann abends auf der Party eine der Mütter, wie um Himmels willen sie es hinkriegen, dass ihre Kinder so folgsam wären? Was ist das Geheimnis? »Die Nonnen.« Huh? »Die Nonnen im Kindergarten, die erziehen die. Ich habe keine Ahnung, die kommen einfach so nach Hause. Ich frag nicht, ich bin nur froh.« Also Ehrlichkeit 10/10 Punkten, ansonsten war ich erst mal baff.

Folgsame Kinder hört sich schon schlimm an. Allein das Wort »Gehorsam« lässt mich an die Hitlerjugend denken. Und so geht es wahrscheinlich vielen Eltern, deren Großeltern, vielleicht sogar Eltern, in besagter Hitlerjugend waren.

Und jetzt der Plot-Twist: Im Jahr 1987, in dem ich geboren wurde, erschien die letzte Auflage des »Erziehungsratgebers« *Die Mutter und ihr erstes Kind*, geschrieben von Johanna Haarer. Viele von euch wissen schon längst Bescheid, für diejenigen, die noch nie von dieser Frau oder diesem Buch gehört haben, eine kleine Übersicht. Ihr könnt euch natürlich auch gerne selbst in eine Wikipedia- und YouTube-Spirale begeben, aber ich fasse mal grob zusammen:

Johanna Haarer war Ärztin, sie bekam 1933 Zwillinge und fühlte sich dann berufen, Kolumnen und Bücher zu Kindererziehung zu veröffentlichen. Das Buch *Die deutsche Mutter und ihr erstes Kind* wurde ein Bestseller, ihre »Lehren« wurden in sogenannten Reichsmütterschulungen an über 3 Millionen Mütter weitergegeben und ja, nach dem Krieg war das Originalbuch zwar verboten, kam aber minimal überarbeitet wieder auf den Markt und war bis 1987 erhältlich. Ganz davon abgesehen, dass, rein zahlentechnisch, dieses Buch natürlich einfach Generation über Generation geprägt hat, ist der tatsächliche Einfluss wahrscheinlich immer noch unterschätzt.[51]

Selbst Auszüge und Zusammenfassungen lesen sich wie aus einem Horrorfilm. Neugeborene wurden nur zum Wickeln und Füttern hochgehoben, dazwischen 24 h lang allein gelassen, besonders bekannt ist das »schreien lassen«. Diese Bedürfnisignorierung sollte die Kinder zu funktionierenden kleinen Maschinen machen. Die Gefügigkeit hatte nicht nur den Sinn, sie in gute Nazis zu verwandeln, nein, nein, das kam später. Klar, die Grundlage war das schon. Der Sinn war, so viele Kinder wie möglich zu kriegen. So schnell wie möglich. Häuser, Höfe und Wohnungen voller Kinder. Überall Kinder! Funktioniert das mit Kindern, die es wagen würden, Bedürfnisse zu haben, geschweige denn, sie zu äußern? Schwierig. Also braucht es einen Plan, eine Blaupause dafür, dass diese Kinder nicht weinen dürfen, nicht schreien, nun, nichts wollen dürfen. Damit sich die Mutter direkt auf die nächste Schwangerschaft, Geburt und Baby konzentrieren kann.

Natürlich hat das funktioniert. Diese Art von »Erziehung« funktioniert – so lange, bis es knallt. Gefügigkeit und Folgsamkeit sind Konzepte, die auf Dauer immense Schäden anrichten.

Haarers Ideen für folgsame und gehorsame Kinder, bzw. Babys, sind nationalsozialistisches Gedankengut. Sie dienten dazu, eine Nation von kriegsgeilen Soldaten und Gebärmaschinen aufzubringen. Es ging noch weiter, Haarer ermutigte zudem Erwachsene, sich über Kinder lustig zu machen. Erklärt einige meiner Grundschulerfahrungen in den 90ern.

Wir müssen keine Attachmentparents sein, um direkt einen Kloß im Hals zu verspüren, wenn wir diese »Vorschläge« hören. Sollte es so etwas wie einen elterlichen Instinkt geben, dann wäre es sicherlich das Gegenteil von so ziemlich allem, was diese Person vorschlug. Die übrigens bis zu ihrem Tod 1988 fest davon überzeugt war, dass der Nationalsozialismus *the best thing ever* war. Ihre fünf Kinder hatten wohl angeblich mehr oder weniger heftige psychische Probleme, das nur am Rande.

Das ist also alles sehr, sehr grausam und erklärt die Kriegskinder-Generation auch noch einmal besser, spannendes Thema, wirklich. Es ist ja auch nicht so, dass mit der 68er-Generation alles auf einmal geklärt war mit dem Nazi-Erziehungserbe. Lasst uns einfach mal vermuten, dass bei Weitem nicht alle Bereiche der deutschen Gesellschaft sich überhaupt angesprochen gefühlt haben von den sogenannten 68er-Idealen. Und selbst die, bei denen das der Fall war – wer war von denen denn fähig, bestimmte Erziehungsmethoden als nationalsozialistisches Erbe zu erkennen? Wie denn, wenn mir jetzt noch Omis im Bus erklären, dass sie die Kinder einfach haben schreien lassen und das tipptopp gelaufen ist? Oder wenn Freunde von mir abends noch im Kinderzimmer eingeschlossen wurden, wenn die Eltern ausgingen?

Für mich ist das Nazi-Haarer-Erziehungserbe ein wichtiger Baustein der Erklärung, warum sich nicht-migrantische Eltern meiner Generation von Strenge im Umgang mit ihren Kindern häufig so sehr distanzieren möchten. Denn wenn gute deutsche Millennialeltern eins nicht wollen, dann ist es, auch nur ansatzweise für Nazis gehalten zu werden. Schließlich hatten sie alle diesen Aufnäher oder Button aus dem EMP-Katalog, in dem das Hakenkreuz in den Mülleimer entsorgt wird. Deshalb sollen die Jungs auch nach Möglichkeit keine kurzen

Haare haben, und die Kinder sollen so frei und kreativ wie möglich aufwachsen. Das alles wird selten ausgesprochen oder auch nur gedacht, aber es steckt buchstäblich im System.

So. Und wenn man nun aber migrantisch aufgewachsen ist. Ob in den 70ern oder 90ern, egal, dann ist dieses Haarer-Erziehungs-Nazi-Erbe, ich sag mal, nicht gegenwärtig. Man ist hauptsächlich busy damit, die eigenen Erziehungsglaubenssätze zu hinterfragen oder fortzuführen. Haben wir als Migra-Kinder zu hören bekommen, ältere Menschen bedingungslos zu respektieren, sofort aufzuspringen, wenn etwas von uns verlangt wurde oder uns vor individuellen Flugobjekten (Pantoffeln) zu ducken, dann war das sicherlich nicht astrein, aber es fehlte zumindest der Nazi-Beigeschmack.

Ich glaube, hier ein anderes Versprechen an die nächste Generation zu erkennen. Respekt gegenüber der vorangegangenen Generation, den Ahnen, ist auch der Respekt gegenüber den Opfern, die sie gebracht haben, und der Arbeit, die sie geleistet haben. Wenn also du selbst als Migra-Kind noch in einem anderen Land geboren wurdest, oder deine Eltern, oder deine Großeltern, ist das ja immer noch sehr junge Migrationsgeschichte. Die Migration der Vergangenheit bleibt meine Gegenwart, egal, wie gut meine Eltern sich assimiliert haben oder wie viele Rolf-Zuckowski-Lieder ich auswendig kann. Wenn nun also mein Vater mein Kind bittet, auf seinen Ton zu achten, wenn es mit mir spricht, der Opa also den Enkel ermahnt, seine Mutter respektvoll anzusprechen, dann spricht daraus auch der Respekt mir gegenüber und der Arbeit, die ich leiste, damit es meinen Kindern gut geht.

Das hört sich etwas anstrengend an, das ist es auch, aber es ist für Familien in diesem Land Teil der Herkunft, dass die eigene Geschichte auch Migration beinhaltet. Das kann als Fakt einfach stehengelassen werden. Dass diese Migration in den meisten Fällen kein Auslandssemester in Heidelberg beinhaltete, sondern entweder Flucht, Kriege, Umsiedlung, Auswanderung oder Anwerbeabkommen, das sollte ebenfalls als Fakt stehengelassen werden.

Vielleicht waren sich Mitglieder verschiedener Generationen noch nie so nah, wie sie es heute sind: Viele Großeltern sind an neuen Entwicklungen interessiert, daran, was die Jungen bewegt; sie sind nicht mehr die ollen Omis und Opis von früher. Vielleicht sind die Angehörigen der verschiedenen Generationen gleichzeitig aber noch nie so weit voneinander entfernt gewesen wie heute – weil Millennials und die Gen Z im Gegensatz zu ihrer Großelterngeneration *alles* infrage stellen – weil sie im Internetzeitalter ganz anders informiert und organisiert sind und dabei Traumata wie den deutschen Kolonialismus oder strukturellen Rassismus aufarbeiten, über die Klimakrise aufklären und vieles mehr. Für sie steht die Gesellschaft, wie wir, wie selbst unsere Eltern sie kannten, in Gänze auf dem Prüfstand. Der technische Fortschritt seit der Einführung des iPhones 2007 und der ersten sozialen Netzwerke in den Jahren zuvor hat innerhalb einer Generation alles auf den Kopf gestellt. Unsere Erwartungshaltung an Feedback, an Beziehungen, Liebe, Familie, Erreichbarkeit ist eine völlig andere. Die junge Generation ist so radikal und absolut in ihren Forderungen, weil uns in der Klimakrise das Wasser bis zum Hals steht. Und weil wir durch Social Media und das ewige Doomscrolling in einen Zustand der Krisenpermanenz versetzt werden. Doch glaubt nicht mir, glaubt dem rheingold Institut: Social Media macht uns krank.[52]

Doomscrolling[53] und Krisenpermanenz kennen junge Eltern mit Migrationshintergrund genauso. Wir kennen und haben ähnliche Ängste, wir gehen nur anders damit um als unsere nicht migrantischen Pendants. Aber warum? Weil unsere Eltern oder wir selber in einer Krisenpermanenz leben, sie nicht nur durch Social Media erleben? Vielleicht fehlt deshalb unser Verlangen, die Sache mit der Kindererziehung »komplett anders zu machen« als unsere eigenen Eltern. Ich glaube auch, dass Migra-Kinder nicht unbedingt Kinder kriegen müssen, um den Struggle der eigenen Eltern anzuerkennen. Wir haben früh realisiert, dass unsere Eltern entweder von Klassismus, Rassismus, Antisemitismus, Antislawismus oder sonstiger Diskriminierung betroffen waren. Manche haben es besser vor uns verbergen können als andere, aber wir wussten es, irgendwie. Natürlich lohnt es sich, an dieser Stelle auch das Phänomen der Parentifizierung noch einmal zu erwähnen:

Migra-Kinder mussten, meist wegen vorhandener Deutschkenntnisse, früh mit zu Terminen, beispielsweise zum Amt. Oder sie mussten Anschreiben übersetzen. Oder, besonders unangenehm, sie gingen mit zum Elternsprechtag. Ältere Geschwister oder Cousinen passten auf die Jüngeren auf, lernten viel früher, im Haushalt nicht nur mitzuhelfen, sondern mitzuarbeiten und auch zu kochen. Wie hätte es auch anders gehen sollen, ohne Putzfrau, mit zwei arbeitenden Eltern, ob in kleinen Wohnungen voller Verwandter oder in großen Häusern mit regelmäßigem Besuch; es gab immer was zu tun.

Ich glaube, beobachtet zu haben, dass diese ganz extreme Abneigung gegenüber den eigenen Eltern, die ich bei Nicht-Migras immer mal wieder antreffe, fehlt, weil wir – auch wenn wir vielleicht keinen Dänemarkurlaub oder Blockflötenunterricht hatten – etwas anderes erfahren durften: eine Wärme durch gelebte Liebe zu Kindern. Die zeigte sich nie kitschig und pathetisch wie in Hollywood, aber wir wussten, sie war da. Spätestens, wenn wir bei deutschen Freunden gewesen waren.

Ein wahrhaft warmes Zuhause, gefüllt mit gebrauchten Möbeln und lachenden Kindern. Lauten Müttern, telefonierenden Vätern und Großeltern, die voll involviert waren. Ist es ein Klischee? Lesen vielleicht türkische Mütter und russlanddeutsche Väter gerade dieses Buch und denken: Nee, bei uns nicht, das war eher ruhiger? Kann sein. Kann immer sein, ich sag ja, Studien könnt ihr woanders lesen. Aber was ich so von Migras höre, was sie mir erzählen, auch, was ich selbst erlebt und gesehen habe, das lässt mich zu diesem Schluss kommen.

Die Mehrheit von uns wuchs in einer liebevollen Umgebung auf, wie auch immer wir liebevoll im Detail definieren wollen. Babys wurden getragen, gehalten, mit ihnen wurde gekuschelt, geredet, gespielt, Kleinkinder wurden ernstgenommen, es wurde sich verkleidet, es gab Süßigkeiten, ich habe in meinem ganzen Leben keinen Russlanddeutschen getroffen, der in Gegenwart eines kleinen Kindes nicht vollkommen ausgerastet ist vor Glück. Also so wie Deutsche, wenn sie auf der Straße einen Hund sehen.

Nicht alle Deutsche. Ja, ja. Also, noch einmal zusammengefasst: Es gab eine böse Nazi-Erziehungsbibel, Deutsche haben ihre Kinder nicht umarmt, die Babys schreien lassen, boom boom, komplette Generationen sind unfähig zu lieben, blablabla. Migranten: Gegenteil, blabla. Was uns zurück in die Gegenwart und zu den Erziehungsmethoden meiner deutschen Mitbürger*innen bringt.

Menschen in meinem Alter, die Kinder haben, nennen wir sie Eltern ohne Migrationshintergrund, sind sehr darauf bedacht, dass es ihren Kindern gut geht. So wie alle Eltern, richtig? Das hatten wir ja jetzt schon ein paar Mal. Alle Eltern wollen, dass es ihren Kindern gut geht, und dass es ihren Kindern *besser* geht, als ihnen selbst, als sie Kinder waren. Das ist super fucking easy, wenn du deine Kindheit in relativer Armut bzw. an der Armutsgrenze verbracht hast. Dann ist jeder kleine Erfolg, ob monetär oder sozial, ein Aufstieg. Fantastisch!

Wie kann es aber Kindern besser gehen, wenn es den Eltern schon richtig gut ging, zumindest finanziell? Richtig, man versucht, Dinge zu verbessern, die nicht perfekt waren. Perfektion als Ziel wird aber schwierig, wenn es um Erziehung geht, denn, uhm, es ist kein klar definierbarer Raum, wie bei einem 100-Meter-Sprint. Es gibt keine Bestmarke, es gibt keinen Anfang, und es gibt sicherlich kein Ende.

Seit 1987 sind viele neue Erziehungsratgeber dazugekommen, ich habe sehr viele aus beruflichen Gründen zumindest teilweise gelesen. Damit habe ich den einen Ratschlag meiner Eltern missachtet: »Macht was ihr wollt, aber lest keine Erziehungsratgeber.« Wie sich Jesper Juul schreibt, musste ich gerade googeln, alles, was ich von ihm gehört habe, war jetzt für mich auch nichts ganz Neues. Damit will ich die Relevanz dieser Ratgeber nicht negieren, sie verkaufen sich richtig gut, es muss also irgendwas dran sein. Ich weiß auch von vielen Müttern, dass sie sehr dankbar sind für manche dieser Bücher, also, wenn's hilft.

Doch in dem Versuch, die Kinder so zu erziehen, dass sie auf jeden Fall glücklich werden, wird das Glück der eigenen Kinder vielleicht (vielleicht!) etwas zu ernst genommen. Das richtige Spielzeug trifft auf die richtigen Kinderbücher trifft auf die richtigen Kinderschuhe trifft auf die richtige Ernährung trifft auf die richtige Erziehung. Nur: Es gibt kein richtig oder falsch bei der Kindererziehung. Really. Hold my glutenfreies Bio-Bier, sagen die jungen Eltern.

Ich hatte zum Beispiel ein Weglaufkleinkind. Andere Kinder beißen, meins lief regelmäßig weg. Das ist gelinde gesagt extrem scheiße in einer Stadt wie Berlin und es half nichts, außer das Kind im Buggy festzuschnallen. Um mich herum fuhren Kinder im gleichen Alter Laufrad und hielten an der Straße an. Spielten auf dem Spielplatz und verschwanden nicht im Gebüsch. Ich verzweifelte. Spazierengehen stresste mich, ich sah mein Riesenbaby schon unter dem nächsten Tesla. Wenn ihr wüsstet, wie ernsthaft ich über eine Kinderleine nachdachte. Doch siehe da, das Kind wurde einfach älter und vernünftiger, das Problem erledigte sich von selbst. Wenn ich jetzt ab und an ein Elternpaar mit angeleintem Kind am Flughafen sehe, dann nicke ich nur und denke mir: Jup, macht, was ihr für richtig haltet, *safety first*. Dabei hätte mich vor meinen Erfahrungen mit dem Weglaufkind der Anblick von angeleinten Kindern empört.

Wie so viele verurteilte ich also andere Eltern, bis ich selbst in der Situation war. So ist das mit dem Kinderkriegen. Du bist so lange hart davon überzeugt, was richtig oder falsch ist, bis dein Kind dich eines Besseren belehrt. Das Internet, vorher die Foren, jetzt die Insta-Accounts, das alles macht es nicht besser, sondern schlimmer. Vielleicht wäre es sogar gut, wenn Menschen Erziehungsratgeber von ausgebildeten Pädagog*innen lesen würden, dann hätten sie keine Zeit mehr, online Kommentarkriege zu führen.

Als junge Mutter war ich genervt, wenn Menschen von meinem kleinen Kind genervt waren. Wobei kleine Kinder nun einmal kleine Kinder bleiben. Keine Nonnen weit und breit in Berlin, und auf Filmpremieren waren wir mit dem Erstgeborenen auch nur ein Mal, da saßen wir dann neben Kevin Großkreutz, was den sozialen Druck, Manieren an den Tag zu legen, Stichwort Döner, nicht gerade erhöhte. Es war eine Dortmund-Doku.

Sobald diese sonnigen Wonneproppen aber ein bisschen älter werden, könnte, meine Meinung, irgendwann und irgendwie doch so etwas wie Erziehung stattfinden. Warum ich mich so schwammig ausdrücke? Weil es mich natürlich eigentlich nichts angeht, wie andere Menschen ihre Kinder erziehen. Mit einigen kleinen Ausnahmen. Die da wären:

Wenn sie im Zug hinter mir sitzen. Wenn ihre Kinder mit meinem Kind in einer Klasse sind. Wenn sie mein Auto zerkratzen. Wenn sie mit mir reden, als wäre ich ihre Kellnerin auf der Titanic. Wenn sie sich in einem vollen Kino so dermaßen übel aufführen, dass der Film später beginnt.

Natürlich möchte ich nicht in einem Land von folgsamen, ruhiggestellten, sittsamen Kindern leben, das ist vollkommen klar, wer will das schon. Kinder können und sollen Kinder sein. Obwohl: Gilt dieser schöne Satz auch für alle? Hm, nee. Es gibt Kinder, die dürfen zuweilen einfach keine Kinder sein: migrantische Kinder. Kinder, die rassifiziert werden. Kinder, die in den Augen von anderen »nicht deutsch aussehen«, also nicht *weiß*. Wenn das auf der Kinobühne zwei Schwarze Kinder gewesen wären? Arabische? Wären die auch nett gebeten worden, zurück zu ihrem Platz zu gehen, oder wären sie rausgeschmissen worden? Wenn ein 13-Jähriger einen Polizisten als Arschloch bezeichnet, wird dann das *weiße* Kind auch abgeführt oder verprügelt, oder nur das Schwarze? Wenn ein jüdischer Teenager mit Kippah durch Berlin läuft, was passiert dann?

Man muss es sich leisten können, dass Kinder sich scheiße aufführen. Schlechtes Benehmen ist ein Privileg. Meine *wei-*

ßen, blonden, blauäugigen Kinder haben dieses Privileg, ihre Eltern sprechen ohne Akzent, haben eine Hochschulausbildung, ich kann im Notfall ganz, ganz schnell ins Akademikerdeutsch codeswitchen. Zudem haben wir das Alman-Endlevel erreicht: Haftpflicht- und Rechtsschutzversicherung. Mehr geht nicht, wir sind safe.

Hätten meine Eltern das gekonnt? Oder mussten sie uns, meinen Cousins, meinem Bruder beibringen, wie man sich *benimmt,* um uns zu schützen? Selbst nach der Einbürgerung bleibt Besorgtheit der Geistesgrundzustand, einer, in dem man nicht weiß, was eigentlich sicher ist.

Und wenn man nicht eingebürgert ist, sondern nur geduldet? Dann lernt man schnell, wachsam zu sein, aufzupassen. In *In the Country We Love* von Diane Guerrero wird genau dieser Zustand perfekt beschrieben. Die Angst vor der Deportation als Dauerzustand.

Die letzten Jahre häufen sich Artikel und Beobachtungen über und aus einem Teil der Gesellschaft, der zuvor wenig präsent war in der Kulturlandschaft. Menschen wie Yasmine M'Barek und Luisa Thomé verändern die Art und Weise, wie wir vermeintlich Selbstverständliches betrachten. Ihre Texte über Armut, Geld und Migras waren für mich augenöffnend und haben einen Teil zu meinem Denken beigetragen. Nichts von dem, was ich als Kind, Jugendliche, Studentin, Mutter, Angestellte und Autorin beobachten konnte, war das Nonplusultra. Jede Norm und jeder Glaubenssatz stand für sich, weil wir keine M'Barek und keine Thomé in den Redaktionen, Writers' Rooms und Lehrkräftezimmern hatten. Heute wissen wir, natürlich gibt es für jede Norm und jeden Glaubenssatz einen anderen Blickwinkel, und der hat sehr oft etwas mit Geld, Herkunft und Identität zu tun.

Das System, das wir alle am Ende des Tages bekämpfen wollen, ist das gleiche System, dem wir uns anzupassen versuchen, um zu überleben. Wer erhält es aufrecht? Wer stützt es? Kann man das System erst bekämpfen, wenn man schon Teil davon war?

Erziehung ist ein fast unmögliches Thema, es zu diskutieren kann nicht gut gehen. Eigentlich will ich als Schlusssatz »Fuck it« schreiben, aber dann fallen mir so Platitüden wie »Trotzdem lohnt es sich, Glaubenssätze zu hinterfragen« ein. Ich habe mit dem ersten Kind in den ersten Jahren auch jeden Furz ausdiskutiert. Und erklärt und nähergebracht und dann ungefähr zwei Tage darauf verzichtet, »Nein« zu sagen. Sachen auszudiskutieren, kostet Zeit. Wer hat diese Zeit? Richtig, Menschen mit Privilegien.

Das mit dem Zug nehme ich übrigens zurück. Ich habe selten ein Kind getroffen, das sich nicht »benommen« hat im Zug. Wisst ihr aber, wer sich wirklich nicht benehmen kann im ICE? Männer in Anzügen und mit Headsets! Ich weiß viel zu viel über viel zu viele Firmen dieses Landes, über Vorgesetzte, Verträge und Verkäufe. Sobald Anzugdudes in einen Zug einsteigen, passiert irgendetwas. Entweder, sie nehmen ihre Umgebung einfach nicht wahr, weil sie sich sowieso nur auf sich selbst konzentrieren können, oder es geilt sie auf, in einer Lautstärke zu telefonieren, bei der alle alles mitkriegen. Aber auch Damengruppen mit kohlensäurehaltigen Alkoholika, Rentnergruppen, Fußballfans, alle schlimmer als kleine Kinder im Zug. Ich musste schon mehrfach ältere Herrschaften aus dem Kinderabteil rausbitten, die Entrüstung könnt ihr euch vorstellen. Und wer macht sich wirklich Sorgen aufzufallen, weil das Kind sich nicht gut benimmt? Richtig, Eltern.

»In Deutschland putzte meine Mutter bei reichen Omis und bekam viel geschenkt und es gab da noch diesen zauberhaften Ort ›Krasnej Krest‹ Da bekam man alles umsonst, Kleidung und auch Spielzeug. Ich habe erst viel später verstanden, dass damit das »Deutsche Rote Kreuz« gemeint war.«

Dina Neufeld

»Ich schäme mich es zuzugeben, aber ich habe mich oft für meine Familie geschämt und mir so oft gewünscht ›normal‹ zu sein? Im Einfamilienhaus zu wohnen statt in der Platte. (Obwohl ich echt alles Materielle hatte und noch mehr). Einfach nicht aufzufallen war mein größter Wunsch. Ich bin einfach ein Meister im Überspielen geworden irgendwann, ich glaube in meinem Gymnasium dachte alle ich komme aus sehr wohlhabenden Verhältnissen, dabei gings uns halt gut, aber weit weg von Wohlstand.«

Anonyma

ZAHLEN

Beim Buchschreiben lernt man richtig viel dazu. Man erweitert den eigenen Geschmackshorizont, was Fertigessen angeht, und ergründet, wie sich das Angebot seit dem Studium weiterentwickelt hat.

Gerade Instantnudeln sind einfach genial gut geworden. Tiefkühlpizzen kann man prima in einer Bratpfanne machen, wer hätte das gedacht? Doch vor allen Dingen lernt man als Autorin – bei Gesprächen mit Menschen aus Verlag und Literaturagentur – die potenziellen Lesenden kennen. Bzw. die Buchkaufenden, die tatsächlich Lesenden sind den Menschen aus der Marketingabteilung eher egal. So kam es, dass bei einem der allerersten Treffen mit meiner Agentin eine Persona besonders oft herangezogen wurde: die des Buchkäufers. Pardon, der Buchkäuferin natürlich. Denn die Zahlen zeigen klar, wer welche Bücher kauft. Und Romane werden von Frauen gekauft.

Es folgten Diskussionen mit den Menschen aus dem Verlag über das Cover meines Romans *Nachtbeeren*. Darüber macht man sich nämlich besonders viele Gedanken: wen das Cover ansprechen soll und auf welche Weise. In meinem Kopf wimmelte es dabei von Fakten: Ich bin eine Frau, mein Name ist unmissverständlich weiblich, Männer werden das Buch nicht lesen, nicht einmal in die Hand nehmen. Ich sagte dem Verlag, dass ich keine Frauenfigur auf dem Cover haben möchte. Denn was, wenn sie dann denken, dass es ein historischer Liebesroman ist? Die Marketingmenschen freuten sich hingegen und sagen, das wäre aber doch ganz toll!

Das Internet feiert heute das Cover von *Nachtbeeren*. Aber das Internet ist nicht die Buchhandlung. Ich kenne die Zahlen.*

Auf das Cover kam dann doch eine Frau, mit einem verrenkten Hals. Und auf der Rückseite des Buchs – über die macht man sich im Hinblick auf die sogenannte Zielgruppe auch sehr viele Gedanken – landeten Blurbs von Laura Karasek und Christian Dittloff, siehe Fußnote, vielleicht, damit die Männer es auch kaufen. Auf den Lesungen sitzen jedoch Frauen vor mir, durch die Bank. Sie sind älter, ich schätze mindestens 60, eher noch älter. In den Großstädten geht der Altersdurchschnitt etwas runter, ein paar sind dabei, die mir und meinen Spiegelselfies auf Instagram folgen. Kaum Männer. Sie sehen gepflegt aus, was auch immer das heißen mag. Unter uns, sie sehen aus, als würden sie seit den 70ern Kunst an Grundschulen unterrichten. Ketten mit großen Kugeln oder Symbolen, gestrickte Kleider über Cordhosen, viel Türkis und Orange, in Kombination. Das sind die Kreativen; es gibt natürlich auch die Gediegeneren, vielleicht verwitwet, vielleicht eine Ferienwohnung in Cuxhaven. Die kaufen ihr Hack noch an der Theke, gerne auch im Angebot; sie haben es zwar dicke, aber sie haushalten dennoch gut. Sonst hätten sie vielleicht auch keine Ferienwohnung in Cuxhaven.

Das sind natürlich alles Spekulationen, ich habe zu keinem Zeitpunkt mit dem Publikum über Feriendomizile gesprochen.

Nach den Lesungen erzählen sie mir von ihrer Kindheit, oder dass ihre Tochter mit Russlanddeutschen in einer Klasse war, sie arbeiten ehrenamtlich in der Geflüchtetenhilfe. Lese ich regional, was im weitesten Sinne Nordrhein-Westfalen bedeutet, im engsten Sinne Ostwestfalen, dann sind auch schon mal welche dabei, die russlanddeutsche Schwiegerkinder haben. Sie sind immer begeistert. »Was die mit dem Hefeteig hinkriegen, das ist unglaublich.«

* Ich habe aufgrund meiner Kenntnis der Zahlen jahrelang nur Bücher von Frauen rezensiert, wenn ich darum gebeten wurde. Ab und zu auch mal von Männern mit Migrationsgeschichte, auch mal von queeren Männern und einmal von Christian Dittloff.

Ich fühle mich dann wie auf dem Elternsprechtag, weiß nicht so recht, was ich sagen soll, es ist, wie wenn mir eines meiner Kinder ein undefinierbares Bild oder einen halben Regenwurm hinhält und sagt »Guck«. Wobei sie ja eigentlich sagen wollen: Nimm' wahr, was ich gemacht, gefunden, erlebt habe, sag was dazu, kommentier' es doch.

Ich sage selten was dazu, ich weiß nicht, ob ich sie loben muss. Sie müssen mir nichts beweisen, sie haben mein Buch gekauft, für die Lesung bezahlt, ich sage »Danke, dass Sie da waren« und wünsche einen schönen Abend. Das meine ich ernst und es kommt von Herzen, es ist ja meine eigene Schuld, dass ich nicht nur Integration als Thema des Buchs gewählt habe, sondern auch die Russlanddeutschen, also meine Leute. Aber vielleicht ist ihre Erwartung ein bisschen übertrieben, dass ich ihnen nun auch endlich erklären soll, warum sie so sind, die Russlanddeutschen.

Diese Frauen mögen die Protagonistin meines Debütromans, Nelli Neufeld. Das arme Mädchen tut ihnen sehr leid. Sie erzählen mir dann, dass Nellis Leben aufgrund ihrer Ehe so eingeengt wirkt. Sie gehen nicht darauf ein, dass die Figur massive psychische Probleme hat, nein, ihren Ehemann machen sie verantwortlich für das beklemmende Gefühl, das sich in ihnen beim Lesen ausbreitet: Er unterdrückt sie, das ist für sie mehr als offensichtlich.

»*Du wirst nicht putzen gehen. Du bleibst zu Hause.*

Das war sein Versprechen.«

Den ersten Teil, den in kursiv, den hat der Kornelius, also der Mann von der Nelli, zu ihr gesagt. Sie sagt dann den zweiten Teil, identifiziert seine Aussage als Versprechen, nicht als Drohung, wie es anscheinend von den netten, älteren Frauen gelesen wird. Manchmal denke ich, ich hätte noch viel mehr schreiben, jeden Satz und jedes Wort erklären sollen. Doch würden sie es je verstehen? Ist es eine Generationenfrage?

Wenn er ihr sagt, sie muss nicht putzen gehen wie ihre Mutter, ihre Tanten, ihre Cousinen, wie alle Frauen, die sie kennt, dann wird das von ihnen als Unterdrückung empfunden. Dabei ist putzen gehen ja nicht etwas, das man fürchterlich gerne tut. Wer putzen geht, am besten schwarz, hat dadurch Cash (und *Cash rules everything around me*). Cash ist Überleben, denn das feste Einkommen, wenn es eins gibt, ist für die laufenden Kosten. Cash ist zum Essen, Cash ist für Geburtstagsgeschenke, vielleicht sogar für einen Urlaub. Wie schnell alle immer eine Putzstelle bekamen. Nur Altenpflegerinnen wollten sie noch dringender. Die Frauen, die diese Jobs machen wollten, fehlten; gut, dass wir kamen.

Ich sage, auch im Buch: In diesem Milieu kann es als Aufstieg empfunden werden, wenn man nicht mehr putzen geht. Nie wieder die Badezimmer anderer Menschen putzen müssen, sagen können: Das ist meine letzte Putzstelle. Oder einfach aufhören. Er verbietet ihr nicht, arbeiten zu gehen, das sagt er ja nicht. Nur: Statt putzen zu gehen, kann sie zu Hause bleiben. Und etwas anderes mit ihrer Zeit anfangen.

Er sagt ihr, du musst neben einer möglichen zukünftigen Festanstellung nicht auch noch zusätzlich putzen gehen wie so viele migrantische Frauen vor dir. Vielleicht ist es schwieriger, das zu verstehen, wenn man nicht aus dieser Welt stammt, vielleicht hätte ich da deutlicher sein müssen als Autorin. Kornelius, das nehme ich mir jetzt einmal als Interpretation meiner eigenen Romanfigur heraus, hätte es sicherlich wundervoll gefunden, wenn seine extrem kranke Frau es geschafft hätte, einer Erwerbstätigkeit nachzugehen.

Bis 1977 musste es in Westdeutschland der Ehemann seiner Frau *erlauben*, arbeiten zu gehen. Frauen mussten nachweisen können, dass sie Haushalt und Familie und Erwerbsarbeit schaffen. Ursula Ott beschreibt in *Das Haus meiner Eltern hat viele Räume*, wie ihr Vater in die Praxis ging, in der ihre Mutter arbeitete und einfach bestimmte, und das war's dann. Sie beschreibt, was das mit ihr machte:

> »Es gehörte zum grausamen Rollback der Nachkriegszeit, dass mein Vater bei der Eheschließung darauf bestand, dass sie ihren Beruf aufgeben sollte. […] Meine Mutter hatte

mir oft erzählt, wie traurig sie war, ihren Beruf aufzugeben.«[54]

Unter uns, werte Leserschaft, da regt sich auf meiner Empathieskala herzlich wenig. Nennt mich grausam, nennt mich verständnislos, doch als Initialreaktion kommt da nur ein müdes Mi-Mi-Mi.

Denn ich stelle es mir auch irgendwie schön vor, wenn man so viel Geld hat, dass man einfach einer Person verbieten kann zu arbeiten. Einer Person, die arbeiten *könnte.* Sogar gearbeitet *hat.* Sogar einen ziemlich nicen Job hatte. »Muss schön sein«, den Satz denke ich dann immer wieder. Nicht für die Frau. Aber für beide zusammen ist es Ausdruck eines fetten Privilegs.

Ich weiß, ich habe studiert, ich kann Statistiken differenziert auswerten, ich lese auch mal eine Zeitung, aber Herrschaftszeiten: Es. Muss. So. Unendlich. Geil. Sein. Denn während die Mutter von Frau Ott nicht arbeiten durfte, weil ihr Mann das nicht wollte, haben um sie herum Frauen sehr wohl gearbeitet, auch in Fabriken. An Fließbändern, in Großküchen, in Krankenhäusern, türkische Gastarbeiterinnen, deutsche Frauen, die arbeiten mussten. Doch deren Geschichten müssen wir mit der Lupe in den Bücherregalen suchen. Einfacher und schneller zu finden sind diese Geschichten erst in den letzten Jahren auch dank Autorinnen wie Gün Tank. 2022 kam mit ihrem Buch *Die Optimistinnen. Roman unserer Mütter* eine neue Perspektive auf die Geschichte der Gastarbeiterinnen heraus.

Vielleicht ist es gut, dass mein Roman *Nachtbeeren* erschien, als ich fähig war, in Interviews Rückfragen zu stellen und auf Lesungen auch auf übergriffige Fragen Kontra zu geben. Ich hätte das nicht mit 25 und auch noch nicht mit 30 gekonnt. Das Vokabular und das Wissen, das ich jetzt besitze und mir angeeignet habe, hilft immens. Dazu gehört, dass ich mir nicht mehr einfach sagen lasse, dass meine Protagonistin unterdrückt würde, geschweige denn die Menschengruppe, die sie repräsentiert. Ich habe *Nachtbeeren* nicht geschrieben, damit russlanddeutsche Frauen von der Mehrheitsgesellschaft als unterdrückt bezeichnet werden, ohne dass diese ihre eigene westdeutsche Prägung hinterfragt.

Denn, wie ich im letzten Jahr gelernt habe: Unterdrückt sind immer die anderen. Das sind die, die Mitleid erfahren. Die Frauen mit Kopftuch, egal ob muslimisch oder mennonitisch oder orthodox. Dass die Wessi-Mutti keinen Tag arbeiten war nach dem Studium, geschenkt.

Ich kenne die Zahlen. Wie anders diese Zahlen plötzlich aussehen, wenn die Grafiken von Ost- nach Westdeutschland springen, wer wo wieviel gearbeitet hat. Pssscht, nicht weitersagen, aber Mütter mit Migrationshintergrund arbeiten statistisch gesehen weniger als Mütter ohne Migrationshintergrund. Sagen die Zahlen! Nun gut, da fehlt natürlich ein kleines Sternchen, eine Fußnote, die erklären würde, dass Mütter mit Migrationshintergrund weniger als Mütter ohne Migrationshintergrund in Anstellung arbeiten. Oder? Was glaubt ihr? Könnte das sein? Denn wissen wir nicht alle, dass die meisten Mütter mit Migrationshintergrund sehr wohl arbeiten gehen, putzen, obviously, private Pflege, Küchenhilfe, Schneiderinnen, etc. Wie heißen diese Jobs? Niedriglohnsektor? Prekär? Hilfsjobs? Schwarzarbeit. Sie arbeiten, für Geld, sie gehen einer Erwerbsarbeit nach, nur halt so, dass es keiner sieht. Und sie selbst sehen am Ende was nicht? Ihre Rente. Denn eine solche wird es nicht geben.

Ich sitze also in meinen Lesungen, und meine Hauptbeschäftigung ist es, mich davon abzuhalten, laut zu lachen oder meinen Kopf immer wieder auf die Tischplatte zu schlagen. Ich brauch so ein Board wie bei TV Total, damit ich den Jingle mit dem Taylor-Swift-Zitat abspielen kann. *Hi, it's me, I'm the problem, it's me.* Nur mit *You.* Ich kenne die Zahlen. Statistisch gesehen sitzen da Frauen mit einer beschissenen Rente vor mir. Ihr Mann, der hat die gute Rente, mit dem sind sie wahrscheinlich noch verheiratet, er wird vor ihnen sterben, sie leben in ihrem Eigenheim, haben wahrscheinlich gut vorgesorgt, ansonsten können sie ja die Wohnung in Cuxhaven verkaufen.

An den Füßen Finn Comfort, das Kleid von Desigual, die Ohrringe vom Weihnachtsmarkt, an der Kurzhaarfrisur sitzt jedes Haar, die Haut leicht gebräunt, vielleicht waren sie im Februar auf Madeira. Natürlich kann man Geld sehen. Auch Wohlstand. Geld stinkt nicht, Armut kann das sehr wohl.

Es geht ihnen gut, den Frauen, die zu meinen Lesungen kommen. Sie sind schockiert, wenn ich sage, dass 90 Prozent aller verheirateten Frauen in Deutschland unter 2000 Euro verdienen, sie hatten angenommen, dass die jungen Frauen heute doch alle ein tolles Auskommen haben, schließlich hat Alice Schwarzer doch dafür gekämpft. Das ist nicht mal die schlimmste Zahl, die anderen knallen auch. Wie viel Prozent vom Gehalt vorm Kind man als Mutter pro Kind pro Jahr einbüßt, dank der sogenannten Motherhood Lifetime Penalty.

Wie viel Prozent die Väter mehr kriegen.[55] Wie viele in Teilzeit arbeiten.[56] Wie viele in Altersarmut leben werden. Dass in Deutschland meistens alleinerziehend gleich arm bedeutet. Ich kenne die Zahlen, ihr kennt die Zahlen.[57] Ihr habt Mareice Kaiser, Teresa Bücker, Alexandra Zykunov gelesen. Wir sind Generation Edition F. Generation Rabattcode. Generation Periodenunterwäsche. Generation »Wir essen ganz selten Fleisch, und dann aber nur das Gute.« Ihr könnt uns nachts wecken und wir rattern sie runter, die Statistiken zum Muttersein.

Die Frauen auf meinen Lesungen hingegen – ich schätze ihre Mütter oder kinderlosen Tanten, ihre Großmütter ohnehin, sind meistens tot oder in Pflegeheimen – kennen die Statistiken nicht. Sie glauben mir nicht, wenn ich den Inhalt von Infokacheln runterrattere wie ein Mantra. Die Männer sind in diesen Statistiken genauso abwesend wie auf meinen Lesungen. Was schade ist, wir reden viel über sie. Über Suizid, über Sucht, über Psychotherapie. Ich kenne die Zahlen. Männer bringen sich lieber um, bevor sie sich »öffnen«.

Scheiße alles, sage ich, laut, im Zug, während ich das tippe. Es ist sehr einfach, ein Buch über Migrantinnen zu lesen und sich zu denken, die armen unterdrückten Frauen. Egal, ob das nun überhaupt den Tatsachen entspricht oder nicht. Ich mag dieses deutsche Sprichwort mit dem vor der Haustüre Kehren sehr. Wobei es auch sein kann, dass man vor der eigenen Haustüre kehren soll, damit man gucken kann, was die Nachbarschaft so treibt? Oder damit der Postbote nicht denkt, dass man ein dreckiger Ausländer ist? Vielleicht denke ich zu russlanddeutsch.

Ich habe mal geschrieben: »Alle diese individuellen Entscheidungen zum Thema Teilzeit, Familienplanung, etc. werden zu einem gesamtgesellschaftlichen Phänomen.« Wo ist die individuelle Entscheidung, wenn du keine Mutter kennst, die in Vollzeit arbeitet, aber mehr als zehn Väter? Wir sparen uns den Teil, in dem wir Vollzeit nicht mehr als Ultimum anstreben. Ja, alle sollten weniger arbeiten. Wo ist die individuelle Entscheidung, wenn wir die Partnermonate schon Vätermonate nennen und direkt fragen, ob er in der Zeit eingewöhnt hat oder mit dem Van durch Portugal (früher Bali) cruiste?

Ich habe gekehrt und teile mit: Mein Mann hat beide Male sieben Monate genommen, als Festangestellter und als Selbstständiger. Nach ihm haben wohl einige Männer in seinem Büro mehr als zwei Monate genommen, soweit ich mich erinnern kann, Schande, wenn nicht. Mein Vater hat die Nächte genauso übernommen wie meine Mutter.

Practise what you preach. Ja, liebe Insta Mom, auch Posts zu Söhnen mit langen Haaren und Nagellack sind supi, aber da bringt dann der rosa Mini-Rodini-Pulli auch nicht viel, wenn Papa keine Elternzeit nimmt, nie abholt, keine Ahnung hat, welche Schuhgröße die Kinder haben oder wo der verfickte Fiebersaft gelagert wird.

Dann seid ihr auch nicht besser als eure Mütter. Die kommen wenigstens zu meinen Lesungen, bei euch musste der Papi wieder länger arbeiten und die Babysitterin ist krank. Aber gut, dass wir die Zahlen kennen.

»Warum ich heute Lehrerin bin? Strenge Erziehung und gute Lehrer*innen haben meinen schulischen Alltag geprägt. Ich musste immer 120 % geben. Rückblickend ist das schulische System nicht auf die Vielfalt ausgelegt, die unsere Gesellschaft auszeichnet. Ich war meinen damaligen Lehrer*innen dankbar (DANKE, ANDREA!), dass sie mich unterstützt haben. Unabhängig von Hautfarbe und Herkunft. Ich war eine sehr ambitionierte Schülerin. Wissen ist Macht. Das musste ich früh lernen.«

Naima Omari

EPILOG

Ob ich nicht noch etwas Versöhnliches zum Schluss schreiben könnte? Die Hand reichen? Einen Olivenzweig? Die weiße Fahne? Sind meine Erfahrungen eine Kriegserklärung? Ist meine Sichtweise ein Angriff?

Wenn wir uns treffen und kennenlernen, wir Migrantenmuttis, dann können wir mit Witzen und Anekdoten aus unserer Kindheit schnell eine Verbindung herstellen. Wir lachen, wir essen, wir weinen. Wir erinnern uns an die Elternabende, die Kindergeburtstage, das Telefonat mit der Krankenkasse und reden über unsere Beziehungen mit nicht-migrantischen Menschen.

Wenn die Verschriftlichung meiner Erfahrungen, vielleicht sogar *unserer*, als Angriff wahrgenommen wird, dann nur, so meine These, weil unsere Existenz einem nicht enden wollenden Struggle gleicht. Und der Struggle, der ist real. Unsere permanente Abwehrhaltung, die Erwartungshaltung, dass es irgendwann knallen wird, diskriminierende Witze, die wir auswendig kennen, das Konfrontiertsein mit der falschen Aussprache unserer Namen, die Erfahrung, nicht heiraten oder gebären zu können ohne einen Aktenordner voller übersetzter Dokumente.

Es fehlt in diesem Buch vielleicht ein Kapitel über Müdigkeit, echte, komplette Erschöpfung, darüber, sich immer und immer wieder erklären zu müssen. Vielleicht auch noch ein Kapitel über Scham. Doch Scham und Erschöpfung, um die geht es oft genug in diesem Buch, in und zwischen den Zeilen, genauso wie um Wut.

Über Wahlergebnisse, Mord, die Unfähigkeit der Gesellschaft, sich an Morde zu erinnern, ihrer zu gedenken oder sie überhaupt aufzuklären, Wut darüber, wie sie über unsere Brüder, Väter, Cousins und Onkel reden, wie unsere Schwestern, Mütter, Cousinen und Tanten in den Medien gezeichnet werden. Über die Fragen nach jeder Lesung. Wann war ich zuletzt nicht vor Wut erschöpft?

Und die Scham? Die Angst, zu laut, zu »übel« riechend, zu falsch und zu viel zu sein, ein ganzes Leben lang? Weg. Es hat sich ein anderes Gefühl breitgemacht, das die Scham ersetzt hat: Stolz.

Lasst uns stolz sein, auf uns, unsere Kinder und unsere Eltern. Wenn ihr das nächste Mal gefragt werdet, ignoriert eure eigenen Grundsätze nicht, schluckt nicht runter, versteckt euch nicht und sagt ganz stolz: Bitte die Schuhe ausziehen.

»We have a tendency to try to when we network, to network up and it really is about networking across. Who's next to you? Who's struggling? Who's in the trenches with you? Who's just as hungry as you are? And those are the people that you need to build with.«

Issa Rae

DANKSAGUNG

Ich möchte sehr gerne mit einem Zitat der wundervollen Cardi B beginnen: *I want to thank my haters.* Ich liebe die Hater genauso wie Cardi, denn sie zeigen einem am besten, was man gut macht. Von daher: Danke an alle, die mir das Gefühl gegeben haben, dass ich nichts kann, nichts werde, nichts hinkriege. Ihr seid viele.

Ich danke meinem Verlag, und vor allen Dingen wollen wir aber mal Christian Koth, meinem Lektor danken, der so hart an *Migrantenmutti* geglaubt hat und sich mit Empathie, Neugierde, Charme und Verständnis der gesamten Thematik gewidmet hat.

Ich muss den Frauen danken. Die, die mich erzogen und begleitet haben, die, die mich gezogen und geleitet haben. Ich danke den Frauen, die bedingungslos an meiner Seite sind, ob seit 20 oder zwei Jahren.

Danke, Ninia und Regina, ihr habt dieses Buch möglich gemacht. Nora, Julia, Ira, Anastasia, Daya, Olga, Isa, Marlene, Jenny, Andrea, Linnie, Aileen, Naima, Nina, Pearl, Tuana. Falk, Peter, Artëm. Danke.

I miss you Jess, every single day. The heartache we all endure because you're gone is endless as well as continuous. Everything you taught me is in this book.

Abschließen möchte ich dieses Buch mit niemand Geringerem als Snoop Dogg:

Last but not least, I wanna thank me

ANMERKUNGEN

1 Emilia Smechowski, Wir Strebermigranten, Hanser Berlin 2015.
2 https://www.tbd.community/de/a/lieber-social-impact-sektor-ich-bin-muede
3 Betiel Berhe, Nie wieder leise. Die neue migrantische Mittelschicht, Aufbau 2023, S. 66/67.
4 https://www.sueddeutsche.de/stil/hausschuhe-pantoffeln-schuhe-ausziehen-14778126
5 https://www.derstandard.de/story/2000107317352/patschen-anziehen-oder-wie-man-in-sarajevo-die-hausschuhe-ehrt
6 https://www.zeit.de/zeit-magazin/2021/38/vietnam-deutsche-identitaet-herkunft-brief-sohn-mutterschaft-heimat
7 Yasmine M'Barek, Radikale Kompromisse. Warum wir uns für eine bessere Politik in der Mitte treffen müssen, Hofmann & Campe 2022, S. 90.
8 Hatice Açıkgöz, fancy immigrantin. Ein poetisches Tagebuch, w_orten & meer 2023, S. 68/69.
9 https://www.mdr.de/nachrichten/sachsen/dresden/dresden-radebeul/armut-absolut-relativ-geld-freunde-100.html
10 https://www.planet-wissen.de/geschichte/neuzeit/die_franzoesische_revolution/franzoesische-revolution-portrait-100.html
11 https://www.sueddeutsche.de/geld/freundschaft-zwischen-arm-und-reich-eine-frage-des-geldes-11944090-2
12 Jagoda Marinić, Made in Germany. Was ist deutsch in Deutschland? Hoffmann & Campe 2016, S. 149.
13 https://de.wikipedia.org/wiki/Wirtschaftsgebäude_des_KZ_Dachau
14 https://www.sueddeutsche.de/politik/bundestagswahl-russlanddeutsche-moegen-die-linkspartei-lieber-als-die-afd-13897458
15 https://www.tagesschau.de/wahl/archiv/2017-09-24-BT-DE/umfrage-werwas.shtml
16 Jagoda Marinić, Made in Germany. Was ist deutsch in Deutschland? Hoffmann & Campe 2016, S. 172.
17 https://de.wikipedia.org/wiki/Kevinismus#:~:text=Kevinismus%20

und%20Chantalismus%20sind%20seit,Vornamen%20Kevin%20 und%20Chantal%20
18 https://www.zeit.de/wirtschaft/2021-02/soziale-ungleichheit-armut-reichtum-schichten-rechner-studie-deutschland
19 https://www.otto-brenner-stiftung.de/wissenschaftsportal/informationsseiten-zu-studien/studien-2020/armutszeugnis-wie-das-fernsehen-die-unterschichten-vorfuehrt/
20 Selma Wels, anders bleiben. Briefe der Hoffnung in verhärteten Zeiten, Rowohlt 2023, S. 207.
21 https://www.bmfsfj.de/bmfsfj/service/publikationen/muetter-mit-migrationshintergrund-familienleben-und-erwerbstaetigkeit-73598
22 Emilia Smechowski, Wir Strebermigranten, Hanser Berlin 2017, S. 36
23 Jagoda Marinić, Made in Germany. Was ist deutsch in Deutschland? Hoffmann & Campe 2016, S. 92.
24 Emilia Smechowski, Wir Strebermigranten, Hanser Berlin 2017, S. 185.
25 Hengameh Yaghoobifarah, Habibitus, Blumenbar 2023, S. 29.
26 Ana Romas, Anushka: Die junge osteuropäische Küche. Vegetarische Gerichte modern & kreativ, S. 7.
27 https://www.bonappetit.com/story/white-people-food-meme-explained
28 https://qz.com/quartzy/1261050/white-peoples-unseasoned-food-isnt-just-an-internet-meme-its-centuries-long-obsession
29 https://www.washingtonpost.com/food/2022/10/20/black-power-kitchen-political-cookbooks/
30 https://www.spiegel.de/panorama/gesellschaft/doener-mord-wie-das-unwort-des-jahres-entstand-a-841734.html
31 Hatice Açıkgöz, fancy immigrantin. Ein poetisches Tagebuch, w_orten & meer 2023, S. 39.
32 https://www.washingtonpost.com/posteverything/wp/2015/08/31/childhood-friends-called-my-food-chinese-grossness-how-did-it-become-americas-hottest-food-trend/
33 https://www.nw.de/lokal/kreis_minden_luebbecke/bad_oeynhausen/22000426_Kehraus-im-Tiwa-Markt.html
34 https://www.eltern.de/familie-urlaub/beruf-und-finanzen/finanzen/studie-muetter-leisten-den-hauptteil-bei-der-familienarbeit-13449848.html
35 https://www.sueddeutsche.de/leben/geburtenrate-warum-in-israel-so-viele-kinder-geboren-werden-13320566
36 https://www.bmfsfj.de/resource/blob/93744/3de8fd035218de20885504ea2a6de8ce/familien-mit-migrationshintergrund-data.pdf

37 https://www.dailymail.co.uk/news/article-11781425/More-60-men-20s-single-compared-just-30-women.html

38 https://www.tbd.community/de/a/lieber-social-impact-sektor-ich-bin-muede

39 https://www.geo.de/geolino/mensch/18361-rtkl-mongolei-warum-man-kindern-drei-jahre-lang-nicht-die-haare-schneidet

40 https://www.deutschlandfunkkultur.de/haare-poc-schwarze-frauen-politik-100.html

41 https://www.harpersbazaar.com/culture/features/a37039502/beyonce-evolution-interview-2021/

42 »Antiosteuropäischer Rassismus ist ein Bündel abwertender, essentialistischer Zuschreibungen zum geografischen Raum Osteuropa und seinen Bewohner:innen.« Dazu gehört es auch, »solche Haare« als »assi« zu bezeichnen. https://www.bpb.de/themen/migration-integration/laenderprofile/509853/geschichte-und-gegenwart-des-antiosteuropaeischen-rassismus-und-antislawismus/

43 https://de.wikipedia.org/wiki/Molotowcocktail

44 https://de.wikipedia.org/wiki/Flüchtlingsfeindliche_Angriffe_in_der_Bundesrepublik_Deutschland

45 https://www.bmfsfj.de/resource/blob/93744/3de8fd035218de20885504ea2a6de8ce/familien-mit-migrationshintergrund-data.pdf

46 Ursula Ott, Das Haus meiner Eltern hat viele Räume. Vom Loslassen, Ausräumen und Bewahren, btb 2019, S. 39.

47 https://www.spiegel.de/lebenundlernen/schule/einschulung-so-viel-kostet-der-schulstart-a-1213991.html https://www.sparkasse.de/pk/ratgeber/familie/eltern-und-kinder/kosten-fuer-die-einschulung.html

48 https://www1.wdr.de/nachrichten/kinder-einschulung-kosten-100.html https://www.welt.de/finanzen/plus239307233/Einschulung-Im-Schnitt-fast-1000-Euro-So-reduzieren-Eltern-Kosten-zum-Schulstart.html

49 https://www.bmfsfj.de/resource/blob/76244/bbd6e1252fccc784fe22f29c74205e83/monitor-familienforschung-ausgabe-32-data.pdf

50 Olga Grjasnowa, Die Macht der Mehrsprachigkeit. Über Herkunft und Vielfalt, Duden Verlag 2022, S. 16.

51 https://www.kindergartenpaedagogik.de/fachartikel/geschichte-der-kinderbetreuung/weitere-historische-beitraege/johanna-haarer-1900-1988/

52 https://www.rheingold-marktforschung.de/rheingold-in-den-medien/melancovid-trifft-auf-kriegsangst/

53 https://www.n-tv.de/wissen/frageantwort/Was-hilft-gegen-Doomscrolling-article23308458.html

54 Ursula Ott, Das Haus meiner Eltern hat viele Räume. Vom Loslassen, Ausräumen und Bewahren, btb 2019, S. 82.

55 https://www.wiwo.de/erfolg/beruf/kinder-und-karriere-vaeter-verdienen-mehr-muetter-weniger/10685690.html

56 https://www.destatis.de/DE/Themen/Arbeit/Arbeitsmarkt/Qualitaet-Arbeit/Dimension-3/eltern-teilzeitarbeit.html

57 »Ein westdeutscher Mann, der heute Mitte 30 ist, kann z. B. mit einem fast doppelt so hohen Lebenseinkommen rechnen wie eine gleichaltrige Frau: Während es die Männer im gesamten Erwerbsleben auf ein durchschnittliches Einkommen von 1,5 Millionen Euro bringen, sind es bei den Frauen nur 830 000 Euro. Für Frauen mit Kindern ist die Lücke noch größer: Mütter verdienen aufs Erwerbsleben gesehen sogar 62 Prozent weniger als Männer. Diese Zahlen sind zunächst brutto, also vor Steuern, Abgaben und Transfers.« https://www.stern.de/wirtschaft/geld/einkommensvergleich--so-viel-verdienen-vaeter-im-leben-und-so-wenig-muetter-31815322.html